中国人民大学科学研究基金（中央高校基本科研业务费专项资金资

中国城乡居民医保整合下的居民福祉和社会公平

周 钦◎著

中国财经出版传媒集团
经济科学出版社
Economic Science Press
·北京·

图书在版编目（CIP）数据

中国城乡居民医保整合下的居民福祉和社会公平／
周钦著 . —— 北京：经济科学出版社，2025.5. —— ISBN
978 - 7 - 5218 - 6618 - 6

Ⅰ. F842. 613；D632. 1

中国国家版本馆 CIP 数据核字第 2025TA3184 号

责任编辑：周胜婷
责任校对：李　建
责任印制：张佳裕

中国城乡居民医保整合下的居民福祉和社会公平

ZHONGGUO CHENGXIANG JUMIN YIBAO ZHENGHE XIA DE
JUMIN FUZHI HE SHEHUI GONGPING

周　钦　著

经济科学出版社出版、发行　新华书店经销
社址：北京市海淀区阜成路甲 28 号　邮编：100142
总编部电话：010 - 88191217　发行部电话：010 - 88191522
网址：www. esp. com. cn
电子邮箱：esp@ esp. com. cn
天猫网店：经济科学出版社旗舰店
网址：http：//jjkxcbs. tmall. com
北京联兴盛业印刷股份有限公司印装
710 × 1000　16 开　13. 25 印张　200000 字
2025 年 5 月第 1 版　2025 年 5 月第 1 次印刷
ISBN 978 - 7 - 5218 - 6618 - 6　定价：88. 00 元
（图书出现印装问题，本社负责调换。电话：010 - 88191545）
（版权所有　侵权必究　打击盗版　举报热线：010 - 88191661
QQ：2242791300　营销中心电话：010 - 88191537
电子邮箱：dbts@ esp. com. cn）

前　言

　　医疗保障制度是构成一个国家公共卫生体系和社会保障体系的重要组成部分。健全的医疗保障体系可以提高国民的健康水平，减少贫困现象，进而促进社会公平和经济发展。在我国，基本医疗保险制度在医疗保障体系中具有核心地位，通过制度的完善更好地满足人民的健康需求是医疗保障制度改革和"健康中国2030"规划的重要目标。20世纪90年代以来，我国基本医疗保险制度改革在提高医保覆盖率方面取得了重大胜利，至2011年基本实现了"全民医保覆盖"目标，显著提高了医疗服务可及性的纵向公平性，有效缓解了"看病难、看病贵"的问题。然而，基于户籍和就业类型划分基本医疗保险参保资格的医保制度逐渐显现其弊端，一定程度上导致了制度间、城乡间、人群间、区域间的不公平，流动人口的"流动"和医保"属地原则"之间的矛盾也日益凸显。因此，建立统一的城乡医疗保险制度体系势在必行。

　　2016年初国务院印发《关于整合城乡居民基本医疗保险制度的意见》，标志着国家正式启动建立统一的城乡居民基本医疗保险制度，这一举措将两项自愿参保且政府补贴的基本医疗保险，即新型农村合作医疗和城镇居民基本医疗保险整合为城乡居民基本医疗保险，突破了多年来基本医疗保险城乡分割的机制障碍。由于地区差异和整合方案的因地制宜等原因，不同地区的城乡居民医保整合试点效果不尽相同。准确评估城乡居民医保整合的政策效果，尤其从全国层面进行效果检验，对城乡居民医保政策的完善具有重要意义。本书利用多个具有全国代表性的微观调查数据，尝试回答以下重要议题：城乡居民医保整合改革是否有效提高了城乡居民的医疗服务利用水平和健康水平？是否减轻了医疗负担进而降低了未来发生贫困的风险？哪些人群从城乡医保整合改革中受益更多？对低收入人群、中老年人群、流动人口的福祉改善效果如何？是否实现了促进社会公平的政策目标？基于大样本数据提供的实证经验结果，我们应该如何更好地推动和完善城乡居民医保整合改革，更充分地实现城乡居民共享基本医疗保险权益，达成公平和效率双目标？围绕上述核心命题，本书从以下三个方面展开详细的分析。

第一部分包含第1~3章，系统梳理了政策沿革和相关学术文献，为本书的后续主体研究提供了必要的背景介绍和研究基础。第1章简要介绍了本书研究的主要内容、数据来源和方法，构建了城乡居民医保整合政策福利效应的评估指标体系，界定公平性相关概念，并总结了本书的研究价值。第2章系统梳理了我国"三保分立"状态下基本医疗保险制度的建立和发展历程，并从医疗可及性、医疗服务利用和经济负担、受益公平性以及相应的户籍和人群差异的角度，探讨城乡居民医保整合改革前的基本医疗保险制度的实施效果，为后续关于城乡居民医保整合改革的研究提供了理论和现实基础。第3章系统梳理了城乡居民医保整合改革的政策背景、改革目标和发展原则，从统筹模式和路径的角度对不同地区经验进行了分析，将现有关于城乡居民医保整合改革的研究文献归纳为五个方面的研究——城乡居民医保整合的可行性和必要性探讨、对城乡居民医保整合发展思路和路径的理论思考、对各地城乡居民医保整合试点效果的评估和经验总结、检验城乡居民医保整合对医疗服务利用及公平性的影响、城乡居民医保整合对健康及公平性的影响，以帮助读者更好地理解医保整合改革领域的最新研究动态与趋势，也为本书后续研究和政策建议提供一定参考。

　　第二部分为本书的主体内容，包括第4~9章。第4章和第5章利用中国家庭金融调查数据，以全人群为研究对象，检验城乡居民医保整合改革对城乡居民医疗服务利用、财务风险、健康和贫困脆弱性的影响，利用异时性双重差分模型、事件研究方法等估计方法检验整合改革的净效应和动态效应。通过对城乡居民影响的比较、集中指数测算等方式，进一步探讨城乡居民医保整合改革在促进医疗服务利用和健康公平性上的作用，并深入探析政策效应的人群异质性和作用机制。第6章和第7章利用中国健康与养老追踪调查数据，以中老年人群为研究对象，实证研究城乡居民医保整合改革对幸福感和心理健康的影响，以揭示医保整合改革与居民主观福利感受的关系，为评估我国医保整合改革成效提供新的研究证据。第8章和第9章围绕流动人口这一特殊群体，利用全国流动人口动态监测调查数据，从参保积极性、就医选择、社会融入三个方面就城乡居民医保整合对流动人口的福利效应进行系统分析。

　　本书的第三部分（第10章）在总结各章分析结果的基础上，从保障水平、受益面、统筹层次、缴费机制等方面分析了医保整合改革过程中存在的不足，进而提出完善和优化城乡居民医保制度的建议和思考，强调在政策制定中应该更多向弱势群体倾斜，更好地实现城乡居民共享基本医疗保险权益，达成公平和效率的双重目标，增进人民福祉，推动"健康中国2030"建设目标的实现以及我国医疗保障体系与保障能力的现代化。

　　本书的主要内容是笔者在2016~2024年完成的系列阶段性研究成果的系统总结和提炼。在本书的写作过程中，感谢刘国恩、Karen Eggleston、何青、谢凯、秦芳等同行专家学者的大力支持。感谢李天奇、王江丽、翟鲁予、李安然、史晓菲、刘玲等研究助理在各地医保整合政策的收集整理、对流动人口研究人群的数据分析等工作中作出的贡献，感谢韦雅琳和吴璐槟对文稿进行了细致的校对。本书的出版得到了中国人民大学科学研究基金（中央高校基本科研业务费专项资金资助）项目等课题项目的资助。同时，经济科学出版社的编辑对书稿的完善提供了诸多宝贵意见。

由于笔者水平有限，书中难免存在错误与疏漏之处，敬请专家学者和广大读者批评指正。

周　钦

2025 年 4 月 15 日

于中国人民大学

目　　录

第1章 导 论

1.1 背景介绍

实现全民健康覆盖（universal health coverage，UHC）已经逐步成为世界各国可持续发展的重要目标之一，其基本原则是人们在任何时期及任何地方都能获得高质量的医疗卫生服务，同时不必担心遭遇因疾病导致经济困难的问题，确保国家的医疗卫生服务系统能够惠及每个人（Giedion et al.，2013）。越来越多的中低收入国家正试图通过不同的途径实现全民医疗保障制度（Lagomarsino et al.，2012），最终向全民健康覆盖目标迈进。中国也不例外，自 20 世纪 90 年代以来，政府全力推动建立健全多层次医疗保障体系，实现全民医保覆盖，切实解决民众"看病难、看病贵"的问题，并始终以提供更加公平、普惠的医疗保障为目标，不断缩小制度间、人群间、区域间的差距，使全民享受更加公平有效的医疗服务和医疗保障。

自 2016 年初国务院印发《关于整合城乡居民基本医疗保险制度的意见》（以下简称《意见》）以来，国家正式启动建立统一的城乡居民基本医疗保险制度，将两项自愿参保且政府补贴的基本医疗保险，即新型农村合作医疗（以下简称"新农合"）和城镇居民基本医疗保险（以下简称"城居保"）整合为城乡居民基本医疗保险（以下简称"城乡居民医保"），突破多年来国家基本医疗保险城乡分割的机制障碍。① 整合后的城乡居民医保实现了"六统一"，包括统一覆盖范围、统一筹资政策、统一保障待遇、统一医保目录、统一定点管理和统一基金管理。农村居民和城市居民参加相同的城乡居民医保，按照统一的政策要求缴纳保费和享受报销待遇，获得同等的基本医疗保障权益。在国家出台城乡居民医保整合意见后，各地积极探索整合路径，按照"筹资就低不就高、待遇就高不就低、目录就宽不就窄"的原则，因地制宜制定符合当地发展水平的医保整合制度。在《意见》颁布之前，已有部分地区自发实施了城乡居民医保整合试点工作。在《意见》颁布后，各地相继出台整合方案。总体而言，地方探索为全国范围内的城乡居民医保整合提供了有益借鉴。由于地区基本情况和整合方案差异较大等原因，不同地区的整合试点效果不尽相同。准确评估城乡居民医保整合政策的效果，尤其是全国层面的整体效果，有助于及时完善城乡居民医保整合政策的顶层设计和系统实施，更好地实现城乡居民医保整合改革的预期目标。本书利用多个全国微观调查数据库，系统探讨城乡居民医保整合下的居民福祉和社会公平，帮助读者更好地了解我国城乡居民医保整合改革的政策背景、地区经验和全国层面的实施效果，并为政府部门完善城乡居民医保制度提供数据支持。

整合前，我国基本医疗保险制度主要包括覆盖城市正规部门职工的城镇职工基本医疗保险（以下简称"城职保"，1998 年启动）、面向农村居民的新农合（2003 年启动）以及未被城职保覆盖的城镇居民参与的城居保（2007 年启动）。三大基本医疗保险制度按城乡和就业状况划分，涉及不同的福利待遇。"三保分立"的基本医疗保险体系保障了每个公

---

① 早在 2009 年国务院印发的《中共中央 国务院关于深化医药卫生体制改革的意见》，已经提出探索建立城乡一体化的基本医疗保障管理制度。部分地区根据当地经济状况和原有医保制度情况，积极探索城乡居民医保整合的试点工作，比如四川、天津、广东。由于缺乏顶层设计和全国层面的指导意见，地区试点因地制宜，地区间制度差异较大，且整合进程较慢。2016 年之后才开始全国范围的城乡居民医保整合改革。

民能够获得基本医疗服务，并且成功地覆盖了我国95%以上的人口
（World Bank，2010；Fu et al.，2014；Meng et al.，2019）。大部分研究显
示，社会医疗保险参保率的提升有助于提高参保人群的医疗服务利用水
平和降低其财务风险（Lei & Lin，2009；Wagstaff et al.，2009；Eggleston，
2012；Yip et al.，2012；Meng et al.，2012；Liu et al.，2017）。虽然个人
自付医疗费用仍然较高，但是自付医疗费用占家庭总支出的比重明显下
降（Zhou et al.，2017；Fu et al.，2018；Fang et al.，2019）。另有研究表
明，老年人等特定人群的健康状况也有所改善（Pan et al.，2015；Fan et
al.，2019）。总体来看，20世纪90年代以来，我国基本医疗保险制度改
革在提高医保覆盖率方面取得了重大胜利，并且显著提高了医疗服务可
及性的纵向公平性，有效缓解了"看病难、看病贵"问题（Eggleston，
2012；Liang & Langenbrunner，2013）。

尽管取得了这些成就，社会医疗保险体系的碎片化，以及地区财政
水平差异和医保基金的独立运行，造成了不同医保参保人群之间的不公
平问题（Meng et al.，2015）。例如，在大多数地区，新农合整体的保障
水平低于城居保。新农合报销的医药费和覆盖的医疗服务较少，提供的
服务区域和医疗机构的选择也较为不足。另有研究表明，农村居民的住
院率较低，接受的医疗服务质量较差，导致农村居民健康状况比城市居
民更差（Fu et al.，2014；Yang et al.，2018）。因此，"三保分立"状态
下城乡居民之间医疗服务利用、财务风险保护和健康差距扩大，建立统
一的城乡居民医保制度是促进全民医疗保障制度持续健康发展和推动社
会公平的唯一出路。

此外，大规模的人口流动是我国经济社会的重要特征之一。第七次
全国人口普查数据显示，2020年中国人户分离人口达到4.93亿人，流
动人口已经成为我国劳动力市场的重要组成部分。随着流动人口数量的
增多，与其相关的健康、医疗等问题逐渐凸显，原有的基本医疗保险制
度难以适应我国人口的城乡二元结构。根据我国的医保制度规定，正规

就业部门工作的流动人口可以参加城职保，然而大部分流动人口往往倾向于在非正规就业部门工作，只有通过参加其户籍所在地的医疗保险才能获得医疗保障。由于保险基金在每个辖区（如市、县、地级市）单独运作，大部分地区之间缺乏医保信息衔接，流动人口不得不返回户籍所在地进行就医和医保报销。如果在流入地就诊，相应的医保报销水平可能明显较低，甚至存在医保不适用的问题。因此，流动人口享有的实际医疗保障水平通常比当地居民低很多（Eggleston，2012；Qin et al.，2014），抑制了流动人口的参保积极性。部分流动人口选择加入多个基本医疗保险，即重复参保，以满足其对医疗服务的动态需求，这种投保方式导致财政补贴的重复与浪费（Qin et al.，2014）。要解决流动人口的"流动"和医保"属地原则"之间的矛盾，必须建立统一的城乡医疗保险制度体系。

综上所述，"三保分立"的基本医疗保险体系弊端逐渐显现，整合基本医疗保险制度势在必行。城乡居民医保制度建立的核心内容主要体现在：第一，以市级为基本统筹单位，有条件的地方可以实现省级统筹；第二，在一定程度上淡化城乡居民对参保与就医赔付补偿的地域限制；第三，简化城乡居民异地就医时复杂烦琐的申请报销手续和程序，减少对工作时间的挤兑，从而降低由工作时间减少带来的经济损失和高额的交易费用。该项制度改革的目标是通过提高基本医疗保险制度的统筹层次，保障城乡居民平等地享有基本医疗保险权益。

2016 年之前，新农合参保人数远多于城居保，城乡居民总体参保人数各年差异不大。城乡居民医保整合后，随着重复参保情形的减少及部分居民从居民医保向职工医保的转换，城乡居民医保参保人数虽有所下降，但实际参保者占全国人口的七成以上。同时，城乡居民医保筹资水平逐渐提高，根据国家医保局、财政部、国家税务总局发布的《关于做好 2024 年城乡居民基本医疗保障工作的通知》，城乡居民基本医疗保险 2024 年筹资标准为 1070 元，其中，个人缴费为 400 元，政府补助 670

元，分别较上年增加 20 元和 30 元。城乡居民医保筹资结构由财政补贴和个人缴费构成，按照收支平衡和城乡统一原则，缴费差距较大的地区可采取动态调整，在一段时期逐步过渡调整到同一水平。城乡居民医保缴费标准的提高推动形成了规模巨大的医保基金池，医保待遇支付的可持续性得以保障。

表 1－1 反映了 2016～2022 年我国城乡居民医保运行情况。由表中数据可知，城乡居民享受的医疗服务待遇水平有所提升，医疗服务利用率提高。具体来看，2022 年，城乡居民医保参保人员享受待遇 21.57 亿人次，比上年增长 3.7%。其中：普通门诊 17 亿人次，比上年增长 1%；门诊慢特病 2.97 亿人次，比上年增长 21.7%；住院 1.6 亿人次，比上年增长 4.2%。次均住院费用 8129 元，比上年增长 1.3%。城乡居民医保参保人员住院率为 16.3%，比上年提高 1.1 个百分点。城乡居民医保住院费用目录内基金支付比例为 68.3%，比上年降低 1 个百分点，三级、二级、一级及以下医疗机构住院费用目录内基金支付比例分别为 63.7%、71.9%、80.1%。

表 1－1　　　2016～2022 年我国城乡居民基本医疗保险制度基本运行情况

筹资和报销情况	2016 年	2017 年	2018 年	2019 年	2020 年	2021 年	2022 年
参保人数（万人）	50847.1	51255	89741	102510	101676.8	100788.5	98349
接受医保待遇人数（亿人次）	7.9	14.9	16.2	21.7	19.9	20.8	21.57
基金收入（亿元）	2811	5653	6971	8575	9115	9724	10129
基金支出（亿元）	2480	4955	6277	8191	8165	9296	9353
次均住院费用（元）	6663	6100	6577	7049	7546	8023	8129
住院率（%）	12.3	14.1	15.2	16.6	15.1	15.2	16.3
住院费用基金支付比例（%）	—	56	56.1	59.7	70.0	69.3	68.3

资料来源：历年《中国统计年鉴》和《全国医疗保障事业发展统计公报》。

总体上，城乡居民医保缩小了城乡居民的健康差距，尤其是显著改善了农村居民的医疗服务利用和自评健康状况。然而，实现城乡居民人人公平享有基本医疗服务还有待制度的完善。农村居民对医疗服务的利用率虽有提高，但与城镇居民仍存在差距，农村居民的健康不公允问题依旧存在（范红丽等，2021）。以人均医疗保健支出占居民消费性支出的比重作为衡量医疗负担的指标进行测算，如表1-2所示，我国城乡居民医疗保健支出显著增长，而农村居民医疗负担持续高于城镇居民。在城乡居民医保整合过程中，也应关注缴费水平的不断提高是否加大了农村边缘群体缴费负担，仍需在促进农村居民尤其是农村老年人口医疗服务利用上持续发力。

表1-2   城乡居民医疗负担情况

年份	城镇居民			农村居民		
	人均年消费支出（元）	人均医疗保健支出（元）	医疗保健支出占消费性支出（%）	人均年消费支出（元）	人均医疗保健支出（元）	医疗保健支出占消费性支出（%）
2016	23078.9	1630.8	7.1	10129.8	929.2	9.2
2017	24445.0	1777.4	7.3	10954.5	1058.7	9.7
2018	26112.3	2045.7	7.8	12124.3	1240.8	10.2
2019	28063.4	2282.7	8.1	13327.7	1420.8	10.7
2020	27007.4	2172.2	8.0	13713.4	1417.5	10.3
2021	30307.2	2521.3	8.3	15915.6	1579.6	9.9

资料来源：历年《中国健康卫生统计年鉴》。

1.2 研究内容和方法

1.2.1 研究内容

本书通过构建多维度的评估指标体系，全面系统测度城乡居民医保整合制度改革的福利效应和公平性；多个具有全国代表性的微观调查数据，为全国层面的医保整合效果及公平性提供新证据。本书的研究内容主要包括以下五大部分：（1）系统梳理我国"三保分立"状态下的基本医疗保险制度发展历程和实施效果，在此基础上介绍城乡居民医保整合改革的政策背景、地区经验和文献研究进展。（2）借助经典和异时性双重差分模型、事件研究方法等因果估计方法，利用中国家庭金融调查（CHFS）数据，研究我国城乡居民医保整合对医疗服务利用、财务风险保护、健康状况、贫困脆弱性及公平性的影响。通过划分农村和城市居民样本，讨论城乡居民医保整合对城乡居民的异质性影响，进而分析整合政策是否有助于促进城乡居民的医疗服务利用和健康公平性，并降低财务风险和贫困风险。（3）借助异时性双重差分模型、事件研究方法，基于中国健康与养老追踪调查（CHARLS）多期面板数据，针对中老年群体检验城乡居民医保整合对其主观幸福感、心理健康等福利效应的动态影响，并进行人群异质性分析和机制分析。（4）利用全国流动人口动态监测调查（CMDS）数据，实证检验和分析城乡居民医保整合对流动人口参保积极性、就医选择、社会融入等福利效应的影响。（5）基于全国微观调研数据研究结果，结合现有文献与地区政策文本分析，综合评估城乡居民医保整合政策改革的福利效应及可能存在的不足，并提出具有实践性和可操作性的相关政策措施和建议。

1.2.2　指标体系构建

　　本书从微观个体受益的视角出发，对城乡居民医保整合效果设定评估指标。我国实行基本医疗保险制度的初衷之一是解决百姓"看病难、看病贵"的问题。具体而言，基本医保制度应当确保人们在面临疾病时能够获得有效的财务保护，减轻因疾病带来的经济负担，提高全民的就医可及性和健康水平。然而，三大基本医疗保险独立运行下存在一些制度弊端，比如农村居民整体的医疗保障水平较低、医疗可及性有待提高、城乡居民健康差异较大等不公平问题。城乡居民医保的整合有利于缩小城乡居民在医疗服务利用、健康、医疗保障水平等方面的差距，促进社会公平。基于政策目标，本书研究设定如图1-1所示的指标体系。

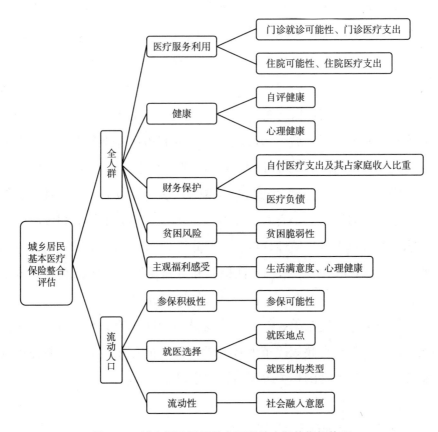

图1-1 城乡居民医保整合福利效应评估指标体系

由图1-1可知，第一，本书以全人群为研究对象，从医疗服务利用和健康两个方面设定6个二级指标，分别为：门诊就诊可能性、门诊医疗支出、住院可能性、住院医疗支出、自评健康和心理健康。第二，从财务风险保护角度来看，医疗保障制度的作用体现为降低家庭的经济负担的效果，防止家庭陷入因病致贫、因病返贫的严重后果。对此，本书从财务风险保护的角度设定自付医疗支出、自付医疗支出占家庭收入比重、医疗负债 3 个二级指标。第三，进一步研究贫困风险。通过构建贫困脆弱性指标进行测量，评估城乡居民医保整合改革是否有助于降低参保居民未来遭遇贫困的风险。第四，从福利经济学角度出发，各项制度安排和改革的终极目标是提高全民福利水平，从某种角度来看，全民幸福感是人类福祉的直接体现。本书从社会福利角度设定主观生活满意度和心理健康二级指标，分析城乡居民医保整合对居民主观幸福感和心理健康的影响及潜在的作用机制。第五，提高流动人口的医疗保障水平一直是医改的薄弱环节，流动人口的频繁流动与医疗保险的"属地原则"之间存在矛盾。在政策层面，目前跨区域医疗和医保异地结付仍然面临诸多困难和问题，导致流动人口的实际医疗保障水平较低，整体参保积极性不高，医保政策改革应该更加关注此类保障不足的人群。通过城乡居民医保整合制度改革，我国在一定地域范围内解决了人口流动与医保属地原则之间的矛盾，流动人口可以在流入地就医并进行医保报销，使流动人口直接受益，相应地可能改变流动人口的参保积极性和就医选择，同时也可能提高流动人口的就近城镇化意愿。因此，在全人群研究基础上，本书围绕该特殊群体，从参保积极性、就医选择和流动性三个方面设定可测量的二级指标。

综上所述，基于国家基本医疗保障制度建设的主要目标，考虑到数据可得性和可操作性，本书分别从全人群和流动人口角度对城乡居民医保整合实施效果进行评估。在全人群研究中，通过 5 个一级指标（医疗服务利用、健康、财务风险保护、贫困风险、主观福利感受）下的 12 个可测量的二级指标对城乡居民医保整合效果进行评估；在流动人口群体研究中，设定 3 个一级指标（参保积极性、就医选择、流动性）和 4 个二级指标进行研究。

1.2.3　公平性概念和测度

公平是一个包含价值判断的伦理概念，其内涵维度非常丰富。不同的衡量标准下人们对公平的评价也会不一致。因此，我们有必要严格界定本书所探讨的"公平性"概念。健康公平意味着每一个公民，无论性别、年龄、职业、社会地位与财富如何，他们都可拥有同样或类似的健康水平，患病率、期望寿命等健康指标的分布在不同人群中应无显著差异，健康状况的差异不应该与个人或群体的社会经济属性有关。同样，医疗服务利用公平意味着每一个公民都享有同等的机会获得医疗服务，医疗服务利用行为只与健康有关，健康状况越差的居民应该获得更多的医疗服务，换言之，医疗服务利用的差异也不应该与个人或群体的社会经济属性有关。

在界定医疗保险制度公平性时，我们认为高收入人群和低收入人群从医疗保险中受益不同的原因可能来自多个方面，例如教育、性别、健康水平等。其中某些因素导致的保险受益差别是与医疗需求相关的，如健康、年龄等因素；而有些因素与健康需求无关，如收入、受教育水平等。在本书研究中，我们倾向于认为与健康需求无关的因素所导致的医保受益差异是不合理的，因为它背离了医疗保险制度的设计初衷。由收入差距所导致的医疗保险受益不同是我们的关注重点：一方面，低收入者和高收入者在社会中享有健康的权利应该是完全相等的；另一方面，社会医疗保险的保险费用与政府补贴也是参与社会再分配过程中的一环，应当符合保障社会公平和减少收入差距的要求。因此，我们将着重分析由收入差距引起的医疗保险受益的公平性。从社会公平正义的角度出发，基本医保使得低收入人群更多受益是社会保障制度的正确价值取向，也符合中国医药卫生体制改革的基本原则。如果城乡居民医保整合改革使得高收入人群更加受益，我们则倾向于认为存在"亲富人"的不公平问题。同理，在城乡二元结构差距明显的背景下，如果城乡居民医保整合改革缩小了城市和农村居民之间的健康、医疗服务利用、财务风险保护水平等差距，我们可认为城乡居民医保整合有助于促进社会公平。

目前已经有丰富的研究探讨医疗保险制度的公平问题，但是关于城乡居民医保整合改革在促进公平方面的研究尚且不足。因此，本书主要通过以下两个途径检验城乡居民医保整合改革的公平作用。第一，本书通过对城市和农村居民的分组研究，比较分析城乡居民医保整合对城乡居民的医疗服务利用、财务风险保护、健康、幸福感等福利效应的影响，进而探讨整合改革在缩小城乡居民之间福利效应差距、促进社会公平的作用。同理，通过对不同收入、不同健康水平等人群异质性的研究，检验整合改革对人群间公平性的影响。第二，参考已有文献的做法，本书构建了集中指数，以新农合和城居保覆盖人群为研究对象，测量其与收入相关的健康和医疗服务利用公平性，结合回归分析方法检验城乡居民医保整合对地区层面健康和医疗服务利用公平性的影响。

1.3　研究价值

本书研究贡献主要体现在以下四个方面：（1）在研究主题方面，本书系统评估城乡居民医保整合的福利效应和公平性，有助于更好地了解城乡居民医保整合改革背景、成效和不足，在丰富相关文献的同时为政策制定与制度完善提供全国层面的数据支持。（2）在研究内容方面，不少学者已经关注到城乡居民医保整合改革并提供了不少有力的实证证据。本书从福利经济学角度出发，分析城乡居民医保整合对城乡居民幸福感、心理健康、贫困脆弱性等的动态影响，丰富了相关研究文献。此外，本书还深入分析了城乡居民医保整合对老年人群和流动人口群体的福利效应，可以更细致深入地了解弱势人群的医保受益水平，研究结论能够为促进基本医疗保障制度的公平性提供实证依据。（3）在研究所使用的数据方面，本书研究基于多个具有全国代表性的大型微观调研数据，得出的研究结论更加可靠，避免了因为不同数据库覆盖样本人群不同、调研时间不同等原因而导致的研究结论不一致的问题。此外，现有文献主要采用的是 2016 年之前的调研数据研究城乡居民医保整合改革，然而，2016 年国家出台《关于整合城乡居民基本医疗保险制度的意见》，推动全国范围的居民医保整合，必然存在医保整合效应在 2016 年前后的变化。本书研究涉及的数据库的时间跨度包括 2016 年前后，能够有力支持比较分析 2016 年前后医保整合效应的差异。（4）在研究方法方面，本书运用了经典和异时性双重差分模型、事件研究方法等多种计量经济学前沿方法，更准确地识别出城乡居民医保整合改革的净效应，同时丰富了健康经济学领域的研究方法。

第2章 我国"三保分立"状态下的基本医疗保险制度发展历程和实施效果

2.1 中国基本医疗保险制度的建立和发展概况

经过几十年的发展与改革，我国多层次的社会保障体系框架已经基本形成，主要包括社会保险、社会救助、社会福利、慈善事业等基本保障部分，以及补充社会保险、商业保险等补充保障部分。其中，社会保险是社会保障制度的主体和核心部分，具体包括养老保险、医疗保险、失业保险、工伤保险、生育保险五大项目，即"五险一金"中的"五险"。自1998年以来，中国的基本医疗保险制度不断发展和深化，至2007年已经建立了由城职保、新农合和城居保三大医疗保险组成的基本医疗保险制度，分别覆盖城镇就业人口、农村户籍人口和城镇非就业人口。根据2009年卫生部公布的第四次国家卫生服务调查结果，2008年农村和城镇居民参加社会医疗保险的比例分别达到92.5%和71.9%。该调查还显示，与2003年相比，2008年居民医疗卫生服务利用量明显提高，如居民年住院率为6.8%，比2003年增加了近一倍；居民未利用医疗服务的比例下降，如两周新发病例未就诊比例（38.2%）比2003年下降了6个百分点，农村下降幅度略大于城市，经医生诊断需住院而未住院的比例（21%）与 2003 年调查相比也出现了下降趋势。上述变化在很大程度上得益于基本医疗保险覆盖面的扩大和保障水平的提高。

2009 年，中国启动了新一轮的国家医药卫生体制改革。中共中央、国务院出台了《关于深化医疗卫生体制改革的意见》，即"新医改方案"，确定了以建立基本医疗保险体系为首的五项重大改革，具体包括：推进基本医疗保障制度建设；建立健全基本医疗保障体系；初步建立国家基本药物制度；健全基层医疗卫生服务体系；推进公共卫生服务均等化；推进公立医院改革试点。随着"新医改"的不断深化，中国基本医疗保险的覆盖率和保障水平都得到了大幅度提高，在较短的时间内近乎实现了"全民基本医保"覆盖目标，参保率达到 95% 以上。得益于基本医保的成本共担作用，以及同时期的基本药物制度改革等政策红利，百姓"看病难、看病贵"问题在很大程度上得到了有效缓解，"因病致贫、因病返贫"风险降低。

2.1.1　城镇职工基本医疗保险制度的建立

在中国三大基本医疗保险制度中，城职保最早建立，由改革开放前的公费医疗（覆盖国家机关、事业单位等工作人员）和劳保医疗（覆盖企业职工）发展而来。在计划经济体制下，我国在城市建立了劳保医疗和公费医疗制度，为保障职工身体健康、促进经济建设发挥了重要作用。伴随着改革开放和经济体制转轨，这种存在明显福利性特征的公费医疗和劳保医疗制度逐渐失去了存在的经济社会基础，制度弊端越来越显现，比如政府和企业承担的医疗费用负担过重，缺乏医保费用控制机制等问题。适时探索建立与社会主义市场经济体制相适应的医疗保险制度已是大势所趋。

因此，1998 年国务院颁布《关于建立城镇职工基本医疗保险制度的决定》，要求在全国范围建立起覆盖城镇所有用人单位职工的城职保制度,实行职工和单位共同承担保费、社会统筹和个人账户结合,取代之前的公费医疗和劳保医疗制度。用人单位缴费率占职工工资总额的 6% 左右,职工缴费率一般为本人工资收入的 2%。用人单位和职工缴费率随经济发展可作相应调整。城职保制度的确立标志着中国医疗保障体系的初步建立。根据 2009 年卫生部公布的第四次国家卫生服务调查结果,2008 年城职保覆盖的居民中,有 72.6% 门急诊患者的医疗费用全部或部分得到了报销,或由医保卡直接支付;94.8% 的住院患者的医疗费用得到了报销,报销费用占其住院总费用的 66.2%。2009 年"新医改"之后,城职保的参保率和报销率进一步提高。

表 2 - 1 汇总了 2013~2022 年城职保的基本运行情况。城职保近十年参保人数稳定增长,参保人数从 2013 年的 2.7 亿人增长到 2022 年的 3.6 亿人,增长近 33%。2013 年城职保待遇享受人次为 13.4 亿人次,到 2022 年增长为 21.40 亿人次。2018 年城职保政策范围内住院费用支付比例为 71.8%,2022 年这一比例增长到 84.2%,5 年内增加了近 17%。以上数字的变化表明,我国职工享受的城职保的保障水平在过去 10 年有明显提升,然而城职保基金面临较大的支付压力,且这个压力有不断增大的趋势。

表 2 - 1 　　　　　　　2013~2022 年城职保运行情况

筹资和报销情况	2013 年	2014 年	2015 年	2016 年	2017 年	2018 年	2019 年	2020 年	2021 年	2022 年
参保人数（亿人）	2.7	2.8	2.8	2.9	3.0	3.1	3.2	3.4	3.5	3.6
参保者占总人口比重（%）	20.13	20.69	21.02	21.33	21.08	22.72	23.50	24.43	24.77	25.50
接受医保待遇人数（亿人次）	13.4	15.2	16.2	17.1	18.1	19.8	21.2	17.9	20.4	21.4

续表

筹资和报销情况	2013年	2014年	2015年	2016年	2017年	2018年	2019年	2020年	2021年	2022年
次均住院费用（元）	9693	10095	10414	10825	11000	11181	11888	12657	12948	12884
住院率（%）	14.6	15.4	16.5	17.1	17.9	18.4	18.7	15.9	17.0	17.6
实际住院费用支付比例（%）	—	—	—	—	—	71.8	75.6	85.2	84.4	84.2

资料来源：《中国统计年鉴》和《全国医疗保障事业发展统计公报》。

从2013～2022年城职保参保人员结构（见图2-1）来看，我国城职保参保人数逐年递增，从2013年的20501万人增加到2022年的26604万人。其中退休参保人数占总参保人数的比重逐渐增加。2013年在职参保人数为退休参保人数的2.95倍，到2022年降低到2.76倍，进一步表明城职保基金压力逐渐增大的趋势。

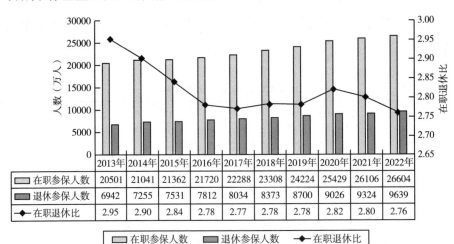

	2013年	2014年	2015年	2016年	2017年	2018年	2019年	2020年	2021年	2022年
在职参保人数	20501	21041	21362	21720	22288	23308	24224	25429	26106	26604
退休参保人数	6942	7255	7531	7812	8034	8373	8700	9026	9324	9639
在职退休比	2.95	2.90	2.84	2.78	2.77	2.78	2.78	2.82	2.80	2.76

在职参保人数　　退休参保人数　　在职退休比

图2-1　2013～2022年城职保参保人员结构

资料来源：《全国医疗保障事业发展统计公报》。

2.1.2　新型农村合作医疗制度的建立

在农村地区，为解决广大农民的"看病难、看病贵"问题，2002年，国务院发布了《关于进一步加强农村卫生工作的决定》，要求自2003年起开始新农合试点，采取由政府主导，农民以家庭为单位自愿参加，个人、集体和政府多方筹资的方式，让农民真正受益。与原有的农村合作医疗（旧农合）相比，新农合的政府主导地位更加突出，由中央政府和地方政府承担大部分保费。在筹资方面，新农合制度实施之初，政府对新农合的人均补助为每年不低于10元。

在过去十几年中，政府不断加大对新农合的财政投入力度，根据《医药卫生体制五项重点改革2011年度主要工作安排》，2011年政府对新农合的补助标准由上一年每人每年120元提高到200元，2015年提高到380元，至2017年进一步增加至450元，农民个人缴费原则上全国平均达到180元左右。随着新农合筹资水平的不断提高，参保受益面和受益水平明显提升，大大提高了农村居民的参保积极性，参合率从2004年的72.6%上升到2012年的98.1%，基本实现农村居民全覆盖。表2-2报告了2003～2013年新农合住院费用的报销情况，2013年住院病例中获得报销的患者比例为91.1%，实际报销费用比为50.1%，比2008年的26.6%增加了23.5个百分点。2003～2013年，新农合参保患者的报销费用比呈现逐年增加的趋势。

表2-2　　　　2003年、2008年、2013年新农合住院费用报销情况

年份	获报销患者（%）	报销费用比（%）	次均报销费用（元）	次均自付费用（元）
2003	8.1	6.9	185	2509
2008	80.2	26.6	909	2503
2013	91.1	50.1	3329	3309

注：由于城乡医保整合改革的实施，2018年的第六次国家卫生服务调查已将新农合的住院费用报销情况并入城乡居民医保住院费用报销情况，故此处仅报告2003～2013年的相关数据信息。

资料来源：《2013第五次国家卫生服务调查分析报告》。

2.1.3　城镇居民基本医疗保险制度的建立

在中国三大基本医疗保险制度中，城居保建立最晚，用于覆盖不属于城职保制度范围的未成年人、学生、已退休但无退休职工医保待遇的老年人、非正式就业人员和其他非从业城镇居民。2007年，国务院发布《关于开展城镇居民基本医疗保险试点的指导意见》，开始在全国79个城市推行城居保试点工作。2008年，新增229个城居保试点城市，城市覆盖率达到92.5%。2009年，剩余25个城市也陆续实行城居保制度。城居保制度实行市级统筹，采取自愿参保，以居民个人（家庭）缴费为主，政府适度补助为辅的筹资方式，按照缴费标准和待遇水平相一致的原则，为城镇居民提供满足其医疗需求的医疗保险制度。在逐步推广城居保制度的过程中，流动人口和在校大学生也逐渐被纳入城居保体系中，医疗保险的保障范围也从重点保大病逐步向门诊小病延伸。

在政府财政投入方面，各级财政对城居保的补助标准从2010年的120元逐步提高到2016年的人均每年420元。根据《关于做好2017年城镇居民基本医疗保险工作的通知》，2017年新农合和城居保的各级财政人均补助标准平均每人每年达到450元。该通知还明确强化个人缴费，2017年城居保人均个人缴费标准在2016年基础上提高30元，平均每人每年达到180元。

随着城居保筹资水平的提高，保障水平也明显改善。根据2009年卫生部公布的第四次国家卫生服务调查结果，2008年享有城居保的人群中，有1/3门急诊患者的医疗费用获得了报销；79.2%住院患者医疗费用得到报销，报销费用占其住院总费用的49.3%。

表2-3显示了2008年和2013年城居保住院费用的报销情况，2013年城居保参保住院患者中，获得报销的患者比例为88.7%，比2008年的

79.2%增加了9.5个百分点。2013年实际报销比为53.6%，比2008年增加了4.3个百分点。

表2-3 不同年份城居保住院费用报销情况

年份	获报销患者（%）	报销费用比（%）	次均报销费用（元）	次均自付费用（元）
2008	79.2	49.3	3425	3522
2013	88.7	53.6	5369	4644

资料来源：2013年《第五次国家卫生服务调查分析报告》。

随着城居保制度的建立健全，基金收支规模与覆盖面不断扩大。从全人群来看，城居保参保人数2007年为4291.1万人，占城镇非就业人口的9.06%，2016年达44860万人，占城镇非就业人口的73.05%。2007~2016年，如图2-2所示，城居保的人均基金收入从100.21元增长到626.5元，人均基金支出从23.54元增长到552.92元。2016年我国开始在全国范围实施城乡居民医疗保险整合改革，将城居保与新农合合并为统一的城乡居民基本医疗保险，人均基金收入和支出保持持续增长的态势。

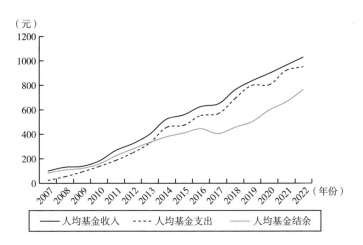

图2-2 2007~2022年城居保人均基金收支水平

资料来源：2008~2023年的《中国统计年鉴》。

2.1.4 三大基本医疗保险的发展

随着中国医疗体制改革的深入推进，政府不断加大医疗卫生事业投入，健全全民医保体系，先后推出城职保、新农合和城居保，居民参保率从 2000 年的 15% 左右提高到 2010 年底的近 95%，基本实现"全民医保"目标。相关研究显示，现行医疗保险制度明显释放了居民的医疗需求，放弃就诊和住院治疗的人群比例明显下降（Wagstaff & Lindelow，2008；Lei & Lin，2009；Yip et al.，2012；张毓辉等，2011）。与此同时，参保人群的健康状况在一定程度上也得到了改善（吴联灿和申曙光，2010；潘杰等，2013）。此外，部分学者从预防性储蓄理论角度出发，发现目前中国的医疗保险制度显著降低了居民的预防性储蓄动机，使居民更敢于当期消费（臧文斌等，2012；马双等，2010）。然而，在取得显著成效的同时，现存医保制度也暴露出了一些问题。

伴随医疗保险制度的逐步建立，医保支付力度逐步提高，居民医疗服务需求和总费用随之增长。《2011 年中国卫生事业发展统计公报》显示，2007～2011 年，全国医疗机构诊疗人次由 47.2 亿人次上升到 62.1 亿人次，年均增长率达到了 7.0%，城乡居民应就诊未就诊和应住院未住院的比例也都呈现明显的下降趋势，分别从 2003 年的 48.9% 和 37.6% 下降至 2008 年的 29.6% 和 25.1%。与此同时，仍有 8.78% 的就诊人群的自付医药费用超过家庭年剩余收入（家庭年收入减去日常生活开支后的剩余部分）的 40%，即达到了世界卫生组织定义的灾难性医疗支出水平。事实上，因为目前基本医疗保险的公共筹资水平有限，个人仍然需要自付一定比例的医疗费用。如果相应的管理手段不能预防此类潜在风险，随着医保总费用的必然上升，医疗保险制度可能反而导致个人的就医费用负担增加。

三大基本医疗保险制度相对独立运行与制度的属地管理原则对流动

人口的医疗可及性与利用程度存在负面影响。在人口流动已成为现阶段社会、经济、人口转型突出特征的背景下，流动人口的医疗保障问题成为全民医疗保险体系的薄弱环节，参保不积极、间断参保和重复参保问题严重（吴少龙和凌莉，2012）。2018 年中国流动人口动态监测数据显示，流动人口基本医疗保险参保率为 93.2%，低于全国层面基本医疗保险 95% 以上的参保率；在流动人口参保样本中，参加新农合的人数最多，占比达 57.75%，仅有 23.08% 的流动人口被城职保覆盖。此外，流动人口内部参保率差异悬殊，失业、无业及从事农业劳动的流动人口，以及随迁的操持家务的妇女和流动儿童的参保率明显偏低（刘志军和王宏，2014）。

新农合和城居保都采用"均等化"的制度设计，即任何参保人同等缴费，同等受益。从受益可能性上看，"均等化"制度设计保证了所有参保人员在受益上的"机会均等"。然而，机会均等并不意味"结果公平"。"均等化"制度设计下，人群的卫生服务利用率越高，获得的医保补偿就越多，即受益更多，因此人群对医疗服务利用程度的不同将导致他们受益的差异。

基本医保的目标是保障每位公民都能享受基本医疗服务，重点是提高低收入人群就医的财务可及性（Pan et al.，2015）。在降低全部人群就医经济负担的同时，基本医保是否使得低收入人群受益更多，是值得关注的一个重要问题。从社会公平正义的角度出发，基本医保使得低收入人群更多受益（享受更多的医保补偿）是社会保障制度的正确价值取向，也符合中国医药卫生体制改革的基本原则。与此同时，近年来我国政府对基本医保的财政投入持续增长，旨在充分利用作为二次分配手段的公共财政支出，进一步促进社会公平。"均等化"的医保制度若能够有效保障低收入人群公平受益，则相应的公共财政投入就发挥了进一步促进医疗卫生服务利用公平的调节作用。否则，可能反而会加剧不同人群的受益不公平。

本章接下来的部分将从多个方面评估三大基本医疗保险制度的实施效果，尤其是居民医疗保险的实施效果，具体包括参保居民的医疗可及性、医疗服务利用、经济负担；参保居民的医保受益公平性及户籍差异；参保农民工的医疗可及性；以及居民医保垫付制度下居民的医疗服务利用。

2.2 基本医疗保险参保居民的医疗可及性、医疗服务利用和经济负担

2.2.1 背景

中国改革开放以来，人均医疗支出增长明显快于收入增长（汪德华和张琼，2008），作为必需品的医疗保健支出已经成为中国家庭的第三大支出。[①] 医疗负担过重也随之成为中国百姓越来越关注的社会问题。在医疗保障制度缺失的情况下，对于大多数中国家庭而言，其支付能力非常有限，一场大病很可能导致家庭陷入经济困境。从理论上讲，医疗保险制度通过风险分担机制为参保人员建立起一道防止因病致贫的安全网，一旦发生医疗支出，保险出大头，个人出小头，从而减轻患者的经济负担。

伴随基本医疗保险制度的逐步建立，参保人群的医疗总费用增长明显高于过去和同期数据（周钦和刘国恩，2014）。由于医疗保险筹资水平有限，参保人群仍需承担一定比例的医疗费用。因此，随着医保总费用的上涨，参保人群的自付医疗费用可能反而增加。那么，医疗保险究竟是降低还是加重了居民的医疗负担？同时，如果同一制度对不同人群的影响不同，那么哪些人群受益，哪些人群没有受益？不同种类的医疗

---

① 资料来源于博雅公关中国和 Kantar Health 联合发布的"2011 年中国医疗健康消费者调研报告"。

保险制度之间又存在怎样的差异？找出这些问题的答案对深化医改和完善制度至关重要。

2.2.2　基于国务院城镇居民基本医疗保险试点评估入户调查的实证证据

本节研究利用国务院城镇居民基本医疗保险（URBMI）试点评估入户调查数据，就基本医疗保险制度对居民医疗服务利用和医疗负担的影响提供实证证据。URBMI 试点评估入户调查数据采用随机抽样方法，涉及分布于中国 9 个城市①的城镇家庭及个人。2007 年第一次入户调查共调查了 11674 户家庭，包含 32989 人，之后 4 年进行了随访，4 年随访率平均在 85% 以上。

遭遇住院疾病冲击的样本中有部分人群是医生诊断应住院但未住院的人群，他们可能因为无保险等原因而选择放弃住院治疗，导致真实的医疗费用无法观测到。如果不考虑这部分人群，而只研究具有住院费用信息的住院人群会导致样本选择偏误，所以需要保留这部分遭遇住院疾病冲击但缺乏住院费用信息的样本，并通过 Heckman 样本选择模型（Heckman，1979）来解决因样本选择偏误导致的内生性问题。

表 2-4 报告了基本医疗保险对居民医药总费用和自付医药费用影响的 Heckman 样本选择模型估计结果。在其他因素不变的情况，遭遇住院疾病冲击后，参保人群选择住院的可能性比未参保人群高 4.2~6.9 个百分点，且至少在 5% 的水平上显著，说明基本医疗保险显著提高了参保居民的住院可及性。在医药总费用和自付医药费用方面，参保人群的医药总费用比未参保人群高 11.4 个百分点。参保人群的自付医药费用比未参保人群低 42.6%，表明基本医疗保险降低参保居民医疗负担的作用明显。

---

① 包括吉林省吉林市、山东省淄博市、内蒙古自治区包头市、新疆维吾尔自治区乌鲁木齐市、福建省厦门市、湖南省常德市、浙江省绍兴市、四川省成都市和青海省西宁市。

表 2 - 4　　　　　住院医药总费用和自付医药费用的影响因素

(Heckman 样本选择模型)

变量	(1) 第二步 log(总费用)	(2) 第一步 住院与否	(3) 第二步 log(自付费用)	(4) 第一步 住院与否
基本医疗保险参保 (以未参保为对照组)	0.114 ** (0.051)	0.069 *** (0.017)	-0.426 *** (0.054)	0.042 ** (0.017)
其他控制变量	是	是	是	是
样本量	11460		10282	

注：括号内为稳健标准差，*、**、*** 分别代表在10%、5%、1%的水平上显著。其他控制变量包括性别、年龄、户主与否、婚姻状态、教育水平、健康状况（是否患有慢性病、自评健康）、是不是低保户、家庭人均年收入，以及年份和城市固定效应。"家离最近医疗机构的距离"作为 Heckman 两步模型估计的排他性约束变量，为了节约篇幅，省略了对其结果的报告。

进一步，将医疗服务利用（医药总费用占家庭年收入比重）或医疗经济负担（自付医药费用占家庭年收入的比重）是否超过10%、20%、30%或40%分档进行研究，比例数越大，代表医疗服务利用或医疗经济负担程度越深。表 2 - 5 中医疗服务利用程度列（1）~列（4）的回归结果显示，随着医疗服务利用程度的提升，基本医疗保险参保二元变量的回归系数逐渐增大（从0.021增大到0.049），且显著性水平也逐渐提高（从10%的水平上不显著到1%的水平上显著）。这说明参保人群的医药总费用占家庭年收入的比重平均高于未参保人群，且发生医疗服务利用高程度的可能性更大。

表 2 - 5　　　　医疗保险对医疗服务利用程度和医疗经济负担程度影响

(Heckman 样本选择模型)

变量	医药总费用占家庭年收入的比重				自付医药费用占家庭年收入的比重			
	10%	20%	30%	40%	10%	20%	30%	40%
	(1)	(2)	(3)	(4)	(5)	(6)	(7)	(8)
基本医疗保险参保 (以未参保为对照组)	0.021 (0.022)	0.042 * (0.022)	0.045 ** (0.019)	0.049 *** (0.016)	-0.131 *** (0.022)	-0.070 *** (0.020)	-0.029 ** (0.012)	-0.013 (0.010)
控制变量	是	是	是	是	是	是	是	是
样本量	11460				11375			

注：括号内为稳健标准差。*、**、*** 分别代表在10%、5%、1%的水平上显著。其他控制变量同表 2 - 4。

表 2-5 中医疗经济负担列（5）~列（8）的回归结果显示，参保人群的自付医药费用超出家庭年总收入 10%、20%、30% 以及 40% 的可能性分别比未参保人群低 13.1 个、7.0 个、2.9 个、1.3 个百分点，且显著性水平从 1% 的水平上显著降至 10% 的水平上不显著。表明基本医疗保险制度降低参保人群医疗经济负担的作用随着疾病严重程度的上升而逐渐变小，直至消失。这可能是由基本医疗保险制度的保障水平有限所致，基本医疗保险制度主要覆盖的仍是一般病、常见病和多发病，仅能报销属于基本医疗服务范围和标准的医药费用，而重病患者对昂贵药品或治疗方式的刚性需求较大，即使不在医保报销范围内也得使用，从而导致随着疾病严重程度的上升，有无医疗保险对患者自付医药费用的影响逐渐减小，直至没有统计显著性。

表 2-6 报告了不同医疗保险制度下居民医疗经济负担差异。在住院自付费用和医疗经济负担程度上，三类医疗保险参保人群的自付水平和医疗经济负担都显著低于未参保人群，且不同医疗保障形式之间存在明显差异。其中城职保降低医疗经济负担上的作用最大，城居保和新农合的作用相对较小。

表 2-6　　　　不同医疗保障形式对降低医疗经济负担作用的差异

变量	（1）第二步	（2）第一步	（3）第二步	（4）第一步	（5）第二步	（6）第一步
	log（总费用）	住院与否	log（自付费用）	住院与否	自付医药费用占家庭年收入的比重超过 10%	住院与否
参保状态（未参保为对照组）						
城职保	0.210 *** (0.065)	0.118 *** (0.018)	− 0.564 *** (0.070)	0.088 *** (0.019)	− 0.177 *** (0.024)	0.093 *** (0.018)
城居保	0.121 ** (0.057)	0.102 *** (0.016)	− 0.275 *** (0.063)	0.081 *** (0.018)	− 0.095 *** (0.023)	0.084 *** (0.016)
新农合	0.082 (0.091)	0.129 *** (0.023)	− 0.337 *** (0.102)	0.105 *** (0.027)	− 0.130 *** (0.031)	0.122 *** (0.023)
样本量	11204	11213	10058	10062	11204	11121

注：括号内为稳健标准差。*、**、*** 分别代表在 10%、5%、1% 的水平上显著。其他控制变量同表 2-4。

2.2.3　小结

本节实证检验了基本医疗保险制度对居民医疗服务利用和医疗负担的影响，验证了基本医疗保险制度的总体积极作用。其中城职保降低医疗经济负担上的效果最明显，城居保和新农合的作用相对较小。与此同时，研究也发现了基本医疗保险制度存在的若干问题。虽然基本医疗保险制度在医改中发挥了积极作用，但是居民的自付医药费用水平仍然过高。随着疾病严重程度的增加，基本医疗保险制度降低医疗经济负担程度的作用逐渐减小，直至消失，且仍有较大比例患者出现需要住院但放弃住院治疗的情况。此外，基本医疗保险制度设计中应该更多向灾难性医疗支出高风险人群（如低收入人群）倾斜。因为在筹资和补偿均等的医保制度下，低收入人群与高收入人群缴纳同等数额的保费建立基金池，但是受限于经济支付能力，他们很可能较少使用医疗资源，从而也较少受益于基金池，即出现医保受益不公平问题。对于我国"均等化"的制度设计是否存在受益不公平问题，该问题严重性如何，我们将在下一节中探讨此问题。

2.3　居民医保"均等化"制度设计下的受益公平性问题

2.3.1　背景

坚持公平是国家医药卫生体制改革的基本原则之一，医保公平性也是评价一国医改成败的重要指标（Wagstaff，2002）。中国三大基本医疗保险中新农合和城居保制度在筹资和补偿上采用"均等化"的制度设计。覆盖中国城乡 10 亿居民的城居保和新农合，在当地医保基金统筹区域内实行缴费与受益相一致的原则，每位参保者平均缴纳相同保费，参保后享受相同比例的报销补偿。因此，"均等化"的制度设计让所有的参保人员在受益可能性上实现了"机会均等"。医保制度改革旨在改善所有参保人群的医疗福利水平，然而机会均等并不等于"结果公平"。"均等化"制度设计下，人群的受益与其对医疗卫生服务的利用呈正相关，利用率越高，获得的医保补偿就越多，因此人群对医疗服务利用程度的不同将导致他们受益的差异。基本医疗保险制度的目标是保障每位公民都能享受基本医疗服务，重点是提高低收入人群就医的财务可及性（Pan et al.，2015）。基本医疗保险制度改革有效降低了全部人群就医经济负担，但与此同时，我们也应关注低收入人群是否从基本医疗保险制度当中受益更多，这是值得检验的一个重要问题。在社会公平正义视角下，基本医疗保险使得低收入人群更多受益（享受更多的医保补偿）符合社会保障制度的正确价值取向，也与我国持续深化推进的医药卫生体制改革的基本原则一致。因此，评估不同收入水平参保人群实际受益的公平性有助于政策制定者完善相关医疗保障政策。

为提高保障水平，中国政府不断加大对基本医保的财政投入。作为二次分配的公共财政支出，其核心目标是促进社会公平（Pan & Liu，2012）。那么，如果"均等化"的医保制度能够有效保障低收入人群受益更多，财政支出效率也将得到提升，实现其调节收入分配、促进社会公平的功能，反之，增加的投入反而会加剧不公。

2.3.2　基于国务院城镇居民基本医疗保险入户调查的实证证据

本节研究基于 2007～2011 年国务院城镇居民基本医疗保险入户调查数据，实证检验居民医保"均等化"制度设计下的受益公平性问题。

表 2 - 7 报告了不同收入水平的城居保参保样本人群的住院医疗费用情况。其中五组分样本根据城居保住院参保人群的收入水平从高到低划分得到。表 2 - 7 中结果显示，2007 ~ 2011 年城居保参保人群的次均医保报销金额平均为 2261 元，实际报销比例为 34%（2261 ÷ 6651）。然而，从最高收入组到最低收入组，医保报销金额呈现明显的下降趋势。其中，最低收入组的医保报销金额仅为最高收入组的 1/3，即收入水平越低的参保人群获得的医保补偿越少。根据公平性定义，医保补偿和医疗服务利用的多少仅与需求有关，与收入水平等其他因素无关。虽然不能根据描述性统计结果直接判定存在城居保受益的不公平问题，但是表 2 - 7 提供了间接证据。

表 2 - 7   2007 ~ 2011 年城居保参保样本的住院费用信息

变量	参保样本	最高收入组	较高收入组	中等收入组	较低收入组	最低收入组
住院费用报销金额（元）	2261	3233	2746	2105	1555	1147
住院医药总费用（元）	6651	8054	7238	6673	5559	4948
医保适用的概率	0.70	0.77	0.74	0.71	0.63	0.61
样本量	1606	378	345	335	315	233

注：城居保参保样本包括健康人群和遭遇住院疾病冲击人群，其中遭遇住院疾病冲击人群又包括应住院未住院人群和住院人群。此表统计的是城居保参保样本中的住院人群。

表 2 - 7 中结果显示，城居保参保人群的医疗服务利用在不同收入人群间也存在明显差异。随着收入水平的下降，住院医药总费用也明显下降，从最高收入组的 8054 元下降到最低收入组的 4948 元。而医保报销水平是医保报销范围内的医药费用的一定比例，因此低收入人群获得较少的医保补偿很有可能是因为其使用了较少的医疗服务。此外，部分参保患者不适用城居保报销医疗费用，此比例在最高收入组中是 23%，在最低收入组中高达 39%，说明由于不在定点医疗机构就医或医保报销范

围内的医疗费用未过起付线等原因，低收入参保人群无法获得医保补偿的可能性高于高收入人群，因此医保不适用的可能性也在一定程度上加剧了城居保受益的不公平程度。

如果医保补偿水平和医疗服务利用两者与收入的负相关关系是因为收入较低的人群的健康状况较好，从而对医疗服务利用较少，那么我们在不考虑参保人自身健康水平的情况下难以得到医保受益不公平的结论。因此，表 2 - 8 分别对不同收入水平的城居保参保人群的健康状况进行了统计，包括住院疾病发病率、慢性病发病率和自评健康差的人群比例。五组分样本的划分标准与表 2 - 7 有所不同，此处根据城居保参保总样本的收入水平从高到低进行划分。结果显示，从最高收入组到最低收入组，住院疾病发病率从 6% 增加到 13%，慢性病发病率从 13% 增加到 31%，自评健康差的人群比例从 4% 增加到 17%。上述健康状况指标结果一致表明，收入越低的人群的健康状况越差，很大程度上可以排除 "低收入参保人群获得较少的医保补偿是由于健康状况更好" 的原因。这也从侧面更加有力地说明，低收入人群的健康往往更差，但其医疗服务的利用较为不足，收入差距带来的受益公平性问题突出。

表 2 - 8　　　　　　　　　城居保参保样本的健康状况

变量	参保样本	最高收入组	较高收入组	中等收入组	较低收入组	最低收入组
住院疾病发病率	0.08	0.06	0.07	0.07	0.09	0.13
慢性病发病率	0.21	0.13	0.18	0.19	0.23	0.31
自评健康差的概率	0.09	0.04	0.06	0.07	0.10	0.17
样本量	39181	7791	7767	7950	7835	7838

注：此表统计的是城居保参保样本，包括健康人群和遭遇住院疾病冲击人群。

2.3.3　小结

本节探讨了我国基本医疗保险 "均等化" 制度设计背景下的受益公

平性问题。研究结果表明，在"均等化"医保制度下，政府提供的公平医疗保险容易导致受益不公平问题，出现低收入人群"补贴"高收入人群的情况。居民医疗保险体系不仅存在受益不公平问题，可能还存在健康不公平和医疗服务利用不公平问题，而受益不公平又会加剧健康不公平和医疗服务利用的不公平。因此，政府部门需要更加重视医保制度的公平问题，将健康、医疗服务利用和医保补偿作为整体进行政策干预。还应拓宽和开辟新的筹资渠道，加大对低收入人群的医疗救助力度和范围，使更多低收入人群有足够的支付能力。此外，还应该逐步提高基层医疗机构的医保报销比例，这不仅有利于促进分级诊疗，同时还将使得倾向于在此类医疗机构就医的低收入人群获得更多的医保补偿。此外，最直接有效的方式是对低收入人群或弱势人群直接补贴，或单独设立针对低收入人群的医保报销政策，弥补"均等化"制度下的受益结果不公平的不足。当然这种方法需要合理划分和审核低收入人群，不搞"一刀切"，并避免谎报低收入等道德风险的发生。

2.4　基本医疗保险制度受益水平的户籍差异

2.4.1　背景

我国基本医疗保险制度受益公平性问题的分析离不开对户籍制度差异的探讨。在我国，户籍制度是我国医保制度受益公平性的重要影响因素。改革开放后，城乡二元体制和大规模的人口流动成为我国经济社会发展的鲜明特点，户籍差异给流动人口的医疗服务利用造成了诸多不便。本节内容将探讨我国基本医疗保险制度受益水平的户籍差异问题。

改革开放以来，我国流动人口持续增长，呈现出人口从农村流向城市、从西部流向东部的主要趋势。国家统计局公布的数据显示，至2020年我国大约有3.8亿流动人口，占全国人口的26.6%。随着流动人口数量的增多，与其相关的健康、社会保障等问题逐渐凸显。根据基本医疗保险制度规定，流动人口可以参加户籍所在地的基本医疗保险（城镇户籍的流动人口，即非农流动人口，可以参加户籍所在地的城居保；农村户籍的流动人口，即农业流动人口，可以参加户籍所在地的新农合）。然而，在医保属地管理原则下，流动人口需要返乡"使用"医疗保险，意味着他们面临返乡就医和医保报销"跑腿"成本过高的问题。而流入地的城职保仅覆盖与用人单位签订劳动合同的在职人员，只有小部分流动人口满足参加城职保的资格，大部分的流动人口仍然在制度覆盖之外。上述多方面的制度约束导致流动人口参保率低于本地居民。而且参保流动人口的实际医疗保障水平是否达到了政策预期，仍值得质疑。那么，基本医疗保险制度对解决流动人口"看病难、看病贵"问题的实际效果如何，是否真正让流动人口受益？与本地户籍人口相比，又有多大差距？本节研究将回答上述问题。

2.4.2 基于国务院城镇居民基本医疗保险入户调查的实证证据

本节基于2007~2011年国务院城镇居民基本医疗保险调查数据，探讨现行医疗保险制度下本地户籍人口和流动人口的医保受益水平及其差异，并对此差异产生的结果和原因进行分析。

表2-9和表2-10分别为非住院疾病和住院疾病的样本分布。2007~2011年共有23759个两周非住院疾病患病样本和11741个遭遇住院疾病冲击的样本。其中，非住院疾病人群中，本地户籍人口22905人、流动人口854人，分别占本地户籍人口总样本和流动人口总样本的16.28%和13.16%；遭遇住院疾病冲击的本地户籍人口和流动人口分

别为11337人和404人，分别占本地户籍人口总样本和流动人口总样本的8.12%和6.27%。上述统计数据一定程度上反映出，流动人口的非住院疾病患病率和住院疾病患病率都低于本地户籍人口，即整体健康状况好于本地户籍人口，可能是因为流动人口大多数属于中青壮年群体，患病风险较低。

表 2-9　　　　　　　　城镇居民两周非住院疾病的样本分布

项目	总样本	健康人群样本（123445人）		两周非住院疾病患病样本（23759人）	
		本地户籍人口	流动人口	本地户籍人口	流动人口
样本量	147204	117809	5636	22905	854
占比（%）	100	80.03	3.83	15.56	0.58

注：表中定义的健康人群是相对两周非住院疾病患病人群而言的，仅指两周内未患非住院疾病的人群。

表 2-10　　　　　　　城镇居民遭遇住院疾病冲击的样本分布

项目	总样本	健康人群样本（134256人）		遭遇住院疾病冲击样本（11741人）	
		本地户籍人口	流动人口	本地户籍人口	流动人口
样本量	145997	128214	6042	11337	404
占比（%）	100	87.82	4.14	7.76	0.28

注：表中定义的健康人群是相对住院疾病患病人群而言的，仅指过去一年未患住院疾病的人群。

　　表2-11对研究样本进行了描述性统计。由表2-11可知，本地户籍人口的参保率在90%左右，而流动人口的参保率在70%左右。在参保人群中，流动人口的住院疾病费用报销金额（1156元）和医保报销比例（37.9%）都显著低于本地户籍人口（相应数据为2475元和56.5%）。在非住院疾病费用报销水平上也存在显著户籍差异。上述统计数据反映出，基本医疗保险制度的整体报销水平有待提高，流动人口尤为如此。

表 2 – 11 描述性均值统计

变量	非住院疾病患者样本			住院疾病患者样本		
	本地户籍人口	流动人口	t 检验	本地户籍人口	流动人口	t 检验
参保可能性	0.902 (0.329)	0.728 (0.462)	16.471***	0.910 (0.286)	0.703 (0.458)	13.925***
参保人群的医保报销金额（元）	122 (984)	40 (370)	2.367**	2475 (6419)	1156 (2627)	4.108***
参保人群的医保报销比例	0.311 (0.421)	0.164 (0.343)	6.678***	0.565 (1.142)	0.379 (0.348)	2.281**
参保人群的医保适用可能性	0.516 (0.004)	0.353 (0.022)	7.053***	0.896 (0.004)	0.692 (0.033)	9.092***
就医选择方式						
没有采取任何措施	0.051 (0.220)	0.060 (0.244)	− 1.250			
纯自我医疗	0.568 (0.495)	0.537 (0.500)	1.787**			
门诊就医	0.381 (0.486)	0.402 (0.491)	− 1.255			
住院可能性				0.646 (0.478)	0.691 (0.463)	− 1.853*
医药总费用	473 (1816)	297 (717)	2.456**	5144 (11366)	4289 (7892)	1.500
自付医药费用	323 (1299)	242 (565)	1.508	2475 (6952)	3065 (6970)	− 1.673*

注：括号内为稳健标准差，*、**、***分别代表在 10%、5%、1% 的水平上显著。组间差异采用 t 检验。

在医保适用性上，89.6%的本地户籍人口的住院费用有医保给予报销，而非住院费用有医保给予报销的可能性明显较低，仅为51.6%，上述两组数据在流动人口中更低，分别为69.2%和35.3%，说明较高比例的参保人群面临医保不适用的问题，虽然参保但是在发生医疗费用时仍需全部自费，尤其是非住院疾病的医疗支出。相比于本地户籍人口，流动人口的医保不适用问题更加严重。

本地户籍人口和流动人口选择正规就医的可能性都较低，仅有38.1%和40.2%的本地户籍人口和流动人口对非住院疾病采取门诊治疗，高达35.4%和30.9%的本地户籍人口和流动人口在需要住院时放弃住院治疗。这说明虽然就医可及性随着医疗体制改革得以大幅度提高，但是居民的医疗需求并未完全释放，仍有相当比例的人群出于各种原因而没有接受正规诊疗。在医疗服务利用水平上，本地户籍人口和流动人口的非住院疾病医药费用分别为473元和297元，差异在5%的水平上显著；由于方差较大，本地户籍人口和流动人口的住院疾病医药费用差异不显著，但是自付医药费用在10%的水平上存在差异。虽然上述统计结果差异不是非常明显，但是在一定程度上反映出，相比于本地户籍人口，流动人口在医疗服务利用或医疗负担上处于劣势。

2.4.3　流动人口医保受益水平偏低的原因

1. 覆盖流动人口的医疗保险的实际保障水平较低

根据本研究数据统计，在医保适用人群（即有医保给予报销的人群）中，本地户籍人口和流动人口的非住院医药费用报销比例分别为64.9%和56.8%，住院医药费用报销比例平均为63.1%和54.8%，流动人口的非住院和住院医药费用的医保报销水平都较本地户籍人口低约10个百分点。

2. 流动人口的医保适用率偏低

根据本研究数据统计，拥有本地户籍的非住院和住院疾病患病人群中约有45.5%和11%的参保人群不适用医保，即需要全自费，这一比例在流动人口中更高，分别为58.4%和31%。表2－12关于本地户籍人口和流动人口的医保适用性差异的回归结果显示，在控制其他因素不变的情况下，流动人口参保但是需要全额承担非住院和住院疾病费用的可能性比本地户籍人口显著高18.9%和14.7%。上述结果表明，医保适用性差是流动人口医保受益水平偏低的重要原因之一。

表2－12　　　　　　　本地户籍人口和流动人口的医保适用性差异

变量	两周非住院疾病患病样本		住院疾病患病样本	
	（1）	（2）	（3）	（4）
	Heckman样本选择模型	广义线性模型	Heckman样本选择模型	广义线性模型
流动人口（以本地户籍人口为对照组）	－ 0.513 *** （0.090）	－ 0.189 *** （0.024）	－ 0.623 *** （0.099）	－ 0.147 *** （0.031）
Wald检验（rho＝0）：chi2（1）	0.09		25.51 ***	
样本量	21243	17380	10581	7012

注：括号内为稳健标准差。*、**、***分别代表在10%、5%、1%的水平上显著。

目前大部分地区设有"医保定点"规定，即社保部门选定管辖区域内的具有社保医疗资格的医院，参保人选定首诊的医保定点医院，之后发生医疗需求需要到指定的医院就医，还需按照相关规定报销医疗费用，否则自费承担；即使在其他医疗机构就医，也需要医保定点医疗机构同意转院方可。因此，如果参保人就诊的医疗机构不是医保定点医疗机构，将面临医保不适用的问题。本研究的数据显示，非住院疾病和住院疾病样本中，医保适用和不适用人群在医保定点医疗机构就医的比例分别为92.1%和58.4%；在住院疾病患病样本中，此指标分别为94.2%和57.0%。上述数据证实，在医保定点医疗机构就医才能保证较高的医保适用可能性。

而与户籍制度相关的医保"属地管理"和流动人口"流动性"之间的矛盾导致流动人口很难在医保定点医疗机构就医，从而难以满足医保适用要求。医保属地原则要求，没有被城职保覆盖的流动人口在户籍所在地参加新农合或城居保（根据其是农村户籍还是城市户籍而定），同时需要在参保地的医保定点医疗机构就医，并在当地相关部门报销。而流动人口在流入地生活和工作，返回参保地的医保定点医疗机构就医的时间和经济成本较高，导致其更可能放弃医保使用机会而在异地自费就医。根据表 2－13 关于医保适用可能性的影响因素在本地户籍人口和流动人口间分布的统计结果，在非住院疾病患病样本中，本地户籍人口在医保定点医疗机构就医的概率为 77.7%，而流动人口在医保定点医疗机构就医的概率仅为 51.3%，在住院疾病患病样本中，此指标在本地户籍人口和流动人口中分别为 91.4% 和 71.5%。上述数据证实，流动人口更难满足医保定点医疗机构就医的要求，降低了其医保适用可能性。

表 2－13　　　　　　医保适用可能性的影响因素在本地
户籍人口和流动人口间的分布

变量	两周非住院疾病患病样本			住院疾病患病样本		
	本地户籍人口	流动人口	t 检验	本地户籍人口	流动人口	t 检验
医保定点的比例	77.7%	51.3%	9.309***	91.4%	71.5%	8.7***
异地参保的比例	0.8%	47.7%	-52.6***	0.6%	37.2%	-32.1***
本地参保但异地就医的比例				3.1%	6.2%	-1.0
异地参保但本地就医的比例				0.6%	38.8%	-26.7***

注：*、**、***分别代表在 10%、5%、1% 的水平上显著；组间差异采用 t 检验。

3. 流动人口的医保垫付可能性较高

医保垫付制度在一定程度上也会导致流动人口的医保受益水平降低。

为满足流动人口的就医需求,有些地区开始发展异地就医,部分流动人口在异地也可以使用医保,但其需要先行垫付全额医疗费用,再回参保地医保经办机构报销,这对经济水平有限的流动人口而言,无疑是另一种 "负担",由此出现无法凑足医疗费用而抑制其医疗服务利用和医保使用的情况。根据中国健康与养老追踪调查(CHARLS)数据,医保垫付人群的住院医药总费用比医保实时结算人群低 12.7%,此制度导致低收入参保人群缩减 64.2% 的住院医药支出。

2.4.4 小结

本节内容从户籍差异角度探讨了基本医疗保险制度对本地户籍人口和流动人口的福利影响,发现基本医疗保险制度在促进本地户籍人口医疗服务利用和降低其医疗负担上发挥了积极作用。然而,医疗保险制度的受益水平存在明显的户籍差异。一方面,流动人口的参保率较低,尚有大量流动人口未纳入流入地医疗保险覆盖范畴;另一方面,医保适用可能性较低,流动人口医疗保险报销未能完全实现与流入地的衔接,最终导致医疗保险制度对流动人口的保护作用有限。

2.5 参保农民工的医疗服务可及性

2.4 节提供了基本医保受益公平性户籍差异的实证证据,为细化研究流动人口的医疗服务利用问题,本节将进一步围绕流动人口的重要组成群体——农民工,探讨基本医疗保险制度对其医疗服务可及性的影响。

2.5.1 背景

改革开放以来,中国的 "民工潮" 规模迅速扩大。根据国家统计局

2024 年发布的我国农民工调查监测报告数据，农民工总量已达 2.98 亿人。随着农民工数量的增多，与其相关的健康、社会保障等问题逐渐显露。随着中国基本医疗保险制度的建立健全，农民工同时具备了新农合、城居保和城职保的参保资格。同时，部分地区推出了专门针对农民工设计的医疗保险。在国家政策的大力支持下，近年来农民工的基本医疗保险参保率有了明显提高。然而，由于频繁流动于城镇和农村，农民工缺乏稳定的工作和生活环境，多重因素影响了农民工的参保选择，部分农民工选择重复参保来应对流动性的问题，部分农民工甚至认为参保收益低于保费金额而放弃参保。与此同时，由于农民工很有可能因为医保使用不便而放弃就医，参保农民工的实际医疗服务利用水平和医疗保障水平是否达到了政策预期仍有待商榷。"民工潮"是中国特有的社会现象，由于该群体的特殊性，其已经成为中国当前重点关注的弱势群体。

2.5.2 基于 2011 年在京进城务工人员就业与健康状况调查的实证证据

本节基于 2011 年在京进城务工人员就业与健康状况调查数据，实证检验基本医疗保险对农民工医疗服务可及性的影响。该调查由北京大学经济学院叶静怡教授主持，调查对象为北京市具有农村户口的进京务工人员（本节定义的农民工），样本人群覆盖北京市 8 大城区①。该调查共发放问卷 1488 份，有效问卷 1486 份。

表 2-14 为主要变量的描述性统计结果。可以看出，样本农民工人群以已婚（63%）、初中学历、有家人在北京（61%）的居多，平均年龄 32 周岁左右。患有慢性病的农民工占总样本的 19%。在医疗服务利用可及性方面，过半的农民工（56%）在过去一年没有参加过健康体

---

① 包含朝阳区、东城区、西城区、昌平区、石景山区、崇文区、海淀区和丰台区。

检，63%的农民工在生病后倾向于买药进行自我医疗，仅有20%的农民工会选择医疗机构就医。由于农民工的医疗服务利用可及性较低，尤其是对常规性医疗服务的利用，很可能延误疾病的及时治疗，长此以往将严重威胁农民工的健康水平。这一方面可能是由于农民工的工作时间往往较长而挤出了就医时间，如表2-14的统计结果显示，农民工平均工作时长在10.28小时左右，超时加班的工作状态很可能影响农民工对其他生活需求的满足；另一方面可能反映了医疗保险制度等因素制约了农民工对正规医疗服务的需求，本节将对此进行验证。

表 2 - 14　　　　　　　　　主要变量的描述性统计结果

变量	定义	均值	标准差	样本量
男性	男性 =1，女性 =0	0.54	0.50	1072
年龄	受访农民工的年龄（周岁）	32.46	11.03	1072
受教育程度	小学及以下 =1，初中 =2，高中及以上 =3			
小学及以下		0.20	0.40	1065
初中		0.49	0.50	1065
高中及以上		0.31	0.46	1065
已婚	已婚 =1，未婚、离婚或丧偶 =0	0.63	0.48	1072
健康效用值	采用欧洲五维度健康量表（EQ - 5D）积分体系计算获得	0.93	0.14	1054
慢性病	慢病患者 =1，无慢病 =0	0.19	0.39	1062
自感病轻	生病不就医的原因是自感病轻 =1，其他原因 =0	0.56	0.50	1072
了解保健知识	经常主动了解医疗保健知识 =1，否 =0	0.31	0.46	1072
有家人在北京	受访农民工的家人也在北京 =1，没有 =0	0.61	0.49	1028
日工作小时	平均每天工作小时数	10.28	2.56	1072
月消费额	受访农民工及在京家人月消费金额（元）	1980	1566	1072
健康体检	过去一年参加过健康体检 =1，没有 =0	0.44	0.50	1040
生病时的就医选择				
自我医疗	买药进行自我医疗 =1，否则 =0	0.63	0.48	1055
医院就医	选择医疗机构就诊 =1，否则 =0	0.20	0.40	1055
其他		0.17	0.38	1055

变量	定义	均值	标准差	样本量
医疗保险	拥有医疗保险 =1，无任何医疗保险 =0	0.87	0.33	1057
城市医疗保险	拥有城职保、城居保或公费医疗 =1，其他 =0	0.16	0.37	1064
新农合	拥有新农合 =1，其他 =0	0.77	0.42	1054
重复参保	同时拥有城市医疗保险和新农合 =1，其他为 0	0.09	0.28	1061
医疗费用垫付	参保受访者的医疗费用需要垫付 =1，实时结算 =0	0.88	0.33	821
医疗费用回乡报销	参保受访者的医疗费用需要回乡报销 =1，否 =0	0.67	0.47	745

在医疗保障水平方面，样本农民工参保率仅为87%，参保农民工样本中，拥有新农合的农民工占77%，仅有16%的农民工被城市医疗保险（城居保、城职保或公费医疗）覆盖，同时9%的农民工同时拥有新农合和城市医疗保险，即本节定义的重复参保。上述数据反映出，农民工拥有城市医疗保险的比例明显较低，大部分农民工仍然选择了户口所在地的新农合，这将给其医疗资源使用带来极大不便。究其原因，可能是由于城市的医疗保险参保门槛较高，也可能是因为农民工的返乡倾向使其选择新农合而非城市医疗保险。

关于医疗费用垫付和异地报销现状，参保农民工中有88%的农民工需要垫付医疗费用，同时有67%的参保农民工需要回乡报销。说明大部分农民工的医疗保险使用并不方便，很可能因此给农民工带来极大的医疗费用垫付压力和医疗费用报销的不便利，从而影响其对医疗资源的使用。

2.5.3 医疗保险对农民工医疗服务可及性影响的回归结果

本小节从预防性医疗服务和常规性医疗服务两方面来考察农民工的医疗服务可及性状况。回归结果汇总于表2-15。其中列（1）~列（3）是以健康体检与否为因变量的回归结果，列（4）~列（9）是以就医选择行为为因变量的回归结果。

表 2 - 15　医疗保险对农民工医疗服务可及性的影响

变量	预防性医疗服务			常规性医疗服务					
	(1) 健康体检	(2) 健康体检	(3) 健康体检	(4) 医院就医	(5) 自我医疗	(6) 医院就医	(7) 自我医疗	(8) 医院就医	(9) 自我医疗
参保状态（无保险为对照组）									
城市医疗保险	0.179*** (0.045)			0.049 (0.036)	-0.140*** (0.044)				
新农合		-0.081** (0.040)				-0.003 (0.028)	0.071* (0.038)		
重复参保			0.100* (0.058)					0.091* (0.050)	-0.139** (0.057)
男性	-0.033 (0.033)	-0.033 (0.033)	-0.035 (0.033)	-0.018 (0.025)	0.021 (0.032)	-0.014 (0.025)	0.028 (0.032)	-0.016 (0.025)	0.026 (0.032)
年龄	-0.003 (0.002)	-0.003 (0.002)	-0.003 (0.002)	-0.005*** (0.002)	0.003 (0.002)	-0.005*** (0.002)	0.002 (0.002)	-0.005*** (0.002)	0.003 (0.002)
受教育程度（小学及以下为对照组）									
初中	0.033 (0.047)	0.043 (0.047)	0.037 (0.047)	-0.044 (0.034)	0.026 (0.045)	-0.033 (0.034)	-0.008 (0.045)	-0.048 (0.034)	0.023 (0.045)
高中及以上	0.146*** (0.053)	0.165*** (0.053)	0.159*** (0.053)	-0.045 (0.034)	0.019 (0.051)	-0.031 (0.035)	-0.031 (0.052)	-0.047 (0.034)	0.007 (0.051)

续表

变量	预防性医疗服务					常规性医疗服务			
	(1)	(2)	(3)	(4)	(5)	(6)	(7)	(8)	(9)
	健康体检	健康体检	健康体检	医院就医	自我医疗	医院就医	自我医疗	医院就医	自我医疗
已婚	0.032 (0.048)	0.033 (0.047)	0.021 (0.047)	0.013 (0.035)	-0.003 (0.048)	0.006 (0.036)	-0.009 (0.048)	0.012 (0.035)	0.000 (0.048)
健康效用值 (EQ-5D)	0.143 (0.124)	0.136 (0.126)	0.116 (0.124)	0.208** (0.094)	0.097 (0.122)	0.206** (0.095)	0.092 (0.123)	0.192** (0.095)	0.113 (0.123)
自感病轻				-0.301*** (0.027)	0.243*** (0.032)	-0.303*** (0.027)	0.251*** (0.032)	-0.298*** (0.027)	0.243*** (0.032)
有家人在北京				0.004 (0.030)	0.049 (0.041)	0.003 (0.031)	0.056 (0.041)	0.005 (0.031)	0.054 (0.041)
了解保健知识	0.219*** (0.035)	0.217*** (0.035)	0.217*** (0.035)	0.036 (0.027)	0.034 (0.035)	0.038 (0.027)	0.045 (0.034)	0.039 (0.027)	0.037 (0.035)
日工作小时的对数	-0.154** (0.068)	-0.196*** (0.067)	-0.182*** (0.068)	-0.080* (0.047)	0.047 (0.065)	-0.094** (0.046)	0.072 (0.065)	-0.081* (0.046)	0.059 (0.065)
月消费额的对数	-0.017 (0.020)	-0.016 (0.020)	-0.011 (0.020)	0.058*** (0.017)	-0.011 (0.022)	0.058*** (0.017)	-0.015 (0.022)	0.059*** (0.017)	-0.015 (0.022)
样本量	1015	1005	1012	992	996	984	988	990	994

注：括号内为稳健标准误，*、**、*** 分别代表在5%、10%、15%的水平上显著。

从健康体检可能性影响因素的回归结果看出，参加不同类型的医疗保险的农民工在健康体检可能性上存在较大差别。拥有城市医疗保险的农民工主动进行健康体检的可能性显著较高，而参加新农合的农民工进行健康体检的倾向明显较低。这说明城市医疗保险对农民工主动进行健康体检以规避未来健康风险的促进作用较为明显，但是新农合未能在预防性医疗服务上发挥有效作用。这主要源于医疗保险制度的设计差别，基本医疗保险制度往往要求参保人员在医保指定机构进行免费健康体检，或享受一定的健康体检优惠，参加城市医疗保险的农民工因其身在城市而能够更加方便地接受健康体检。因此，城市医疗保险能够真正提高农民工的预防性医疗服务可及性。但是对于参加新农合的农民工而言，由于健康体检付出的成本很可能大于收益，因此特地回乡进行健康体检的可能性非常小。因此，在提高农民工预防性医疗服务可及性方面，新农合未能发挥良好的作用。

从就医选择影响因素的回归结果看出，拥有新农合的农民工在生病时更倾向于自我医疗，拥有城市医疗保险的农民工在生病后虽然倾向于医疗机构就医，但是作用有限。说明新农合和城市医疗保险都存在缺陷，不能很好地满足农民工的需求。从结果来看，只有同时拥有城市医疗保险和新农合的农民工选择医疗机构就医的可能性才显著较高，进行自我医疗的可能性也才显著较低。然而重复参保不是政府鼓励的行为，在一定程度上会造成资源浪费。

此外，在预防性医疗服务利用方面，高中及以上学历的农民工参加健康体检的可能性显著高于小学及以下学历的农民工。这一方面可能是因为学历较高的农民工对健康的认识更充分，更可能主动了解医疗保健知识，而医疗保健知识的了解程度对接受健康体检具有显著的正向作用，因此高学历者的健康体检可能性较高；另一方面可能是因为学历较高的农民工更可能拥有城市医疗保险，而城市医疗保险的预防性医疗服务可及性水平较高，从而促进了他们参加健康体检。在常规性医疗服务利用方面，健康状况较好的农民工在生病时更倾向于选择医疗机构就医。除了因自感病轻而选择自我医疗代替医疗机构就诊外，年纪较大的农民工在生病后选择医疗机构就医的可能性也显著较低，可能是因为年纪较大的农民工的经济约束更严重而更可能放弃正规医疗。此外，工作强度也显著影响着农民工的就医选择，日工作时间越长的农民工选择医疗机构就医的可能性越小，验证了工作时长对农民工接受正规医疗服务的挤出效应。

2.5.4　小结

综上所述，一方面，城市的医疗保险提高了农民工的预防性医疗服务可及性，但新农合未能有效发挥作用；另一方面，城市的医疗保险和新农合都未能有效促进农民工的常规性医疗服务利用。究其原因，医疗费用垫付和异地报销制度降低了农民工常规性医疗服务的可及性，不需要垫付医疗费用或不需要回乡报销的医疗保险才能有效促进农民工在生病后选择医疗机构就医，同时降低自我医疗的可能性。

因此，应当根据农民工的特点，设计一个能够促使农民工参保"向城市发展"的医疗保险制度，可在一定程度上提高其预防性医疗服务的可及性。突破医疗费用垫付制度和异地报销制度障碍，才能有效提高农民工的常规性医疗服务可及性。鼓励商业医疗保险推出专门针对农民工的医疗保险险种，满足农民工的个性化医疗保障需求。此外，还可以探索建立社会公共服务性质的个人医疗贷款基金，解决患者就医资金短缺的问题。当然，建立可持续发展的个人医疗贷款基金是项非常复杂的民生工程，需要综合考虑多方面因素，并且需要政府部门、银行、商业医疗保险公司等多部门的通力合作。农民工医疗服务需求具有"不规则性"，需组合多样化、个性化的制度举措加以保障。

第3章 城乡居民医保整合改革的政策背景、地区经验和研究进展

3.1 城乡居民基本医疗保险制度和发展情况

自 2003 年"非典"暴发以来，医疗服务与公共卫生成为国民关注的主要问题之一，如"看病难、看病贵"涉及医疗服务的可及性和公平性等问题（胡善联，2006）。为解决这一问题，我国在 21 世纪的第一个 10 年里，开始推行覆盖农村和城市居民的基本医疗保险制度，以自愿参保为原则，政府补贴和个人缴费相结合的筹资方式，按照缴费标准和待遇水平相一致的原则提供全民医疗保障，并将其纳入 2009 年颁布的一系列大规模的国家改革中。

在 2007 年之前，我国社会基本医疗保险制度主要有两种，即城职保及新农合。2007 年，国务院开启了 79 个城居保的试点，以覆盖位于城镇地区且不适用城职保的居民。根据国家统计局的数据，城居保试点后的第三年（2010 年），三种社会医疗保险参保人数已超过 12.7 亿，相当于总人口的 95%，意味着在 2010 年我国已经基本实现"全民医保"目标，其中城职保、城居保和新农合分别占 19%、15% 和 66%，标志着我国向全民医疗保险体系迈出了关键一步。

上述三项基本医疗保险制度独立运行，保险费用、筹资和保障水平各不相同。由于有限的服务范围和相对较高的医疗费用分摊，新农合的保障水平通常是最低的。城居保和城职保是由人力资源和社会保障部及各地人社局管理，城居保由政府补贴，且患者费用分担也不高。城职保是强制参保，其医疗保障水平最高。根据政策要求，新农合基金在县一级统筹，城居保和城职保基金在市（州）一级统筹。在实行城乡居民医保整合改革之前，全国共有2852个新农合医疗基金、333个城居保基金和333个城职保基金，各类基金独立运行。然而，三项基本医疗保险制度所涉及的服务和筹资水平不同，造成不同医疗保险制度之间以及城乡之间持续的医疗服务和保障差距。要消除这种差距，当务之急是建立城乡统一的基本医疗保险制度体系。

为了促进居民医疗服务利用公平，2009年国务院发布了《中共中央、国务院关于深化医药卫生体制改革的意见》，明确提出逐步实现城乡一体化的基本医疗保险体系。四川、江苏、天津等多地开始打破城乡医保地域限制，因地制宜，积极探索试点城乡居民医保整合。2016年，国务院发布《关于整合城乡居民基本医疗保险制度的意见》，正式启动建立统一的城乡居民基本医疗保险制度，将新农合和城居保整合为城乡居民医保，实现了"六统一"，包括统一覆盖范围、统一筹资政策、统一保障待遇、统一医保目录、统一定点管理和统一基金管理。

城乡居民医保制度通过整合新农合和城居保更好地实现了制度内公平。具体而言，新农合的管理部门从原来的卫生部门转变为人力资源和社会保障部和各地人社局，实现了筹资来源和筹资水平与城居保相统一，统筹层次由县级上升到市级。在保障待遇方面，城乡居民医保整合后，农村和城市居民共用同一个医保缴费系统，农村居民可以获得与城市居民相同的医疗服务包和报销待遇，并享有更多的服务区域和设施水平的选择。[①]

---

① 资料来源：《国务院关于整合城乡居民基本医疗保险制度的意见》。

　　城乡居民医保整合之前，以 2015 年为例，城居保和新农合人均政府补贴为 380 元，城居保的人均筹资水平略高于新农合，因此两者的人均实际筹资水平分别为 515 元和 490 元，个人缴费占基金收入的比例分别为 23% 和 18%。在保障水平上，新农合政策范围内的住院费用报销比例约为 75%，城居保政策范围内的住院报销比例为 68%。根据"就宽不就窄、就高不就低"的整合原则，城乡居民医保的筹资和报销待遇较城居保和新农合都有所提升，农村居民的医疗保障水平提升幅度更大。关于整合前的新农合和城居保制度，以及整合后的城乡居民医保制度的更多细节，参见表 3 - 1。

表 3 - 1　　　　　　　　我国居民基本医疗保险制度介绍

项目	新型农村合作医疗（新农合）	城镇居民基本医疗保险（城居保）	城乡居民基本医疗保险（城乡居民医保）
实施年份	2003 年在全国范围内实施	2007 年在 79 个城市进行试点；2010 年在全国范围内实施	2016 年之前少部分地区探索试点，2016 年国家正式启动建立统一的城乡居民基本医疗保险制度的改革
参保对象	具有农村户口的居民	具有城市户口且未参加城职保的城镇居民	未被城职保覆盖的城乡居民
管理部门	国家卫生健康委员会（原卫生部）以及地方卫生健康委员会	人力资源和社会保障部以及地方人社局	人力资源和社会保障部以及地方人社局
基金数量	2852（县）	333（市）	333（市）
服务包	主要用于住院服务	主要用于住院服务	主要用于住院服务；门诊保障水平有所提高
政策范围内的住院费用报销比例	75%	68%	无
参保人数	7.36 亿人	3.15 亿人	无

续表

项目	新型农村合作医疗 （新农合）	城镇居民基本医疗保险 （城居保）	城乡居民基本医疗保险 （城乡居民医保）
参保覆盖率	98.9%	95%	无
保费缴纳方式	个人缴费＋政府补贴	个人缴费＋政府补贴	个人缴费＋政府补贴
人均筹资水平	515 元	490 元	无
医疗费用和 服务覆盖范围	较窄	较广泛	提高到城居保水平 （甚至更高）

资料来源：《国务院关于整合城乡居民基本医疗保险制度的意见》（2016）和国家统计局数据（国家统计局的新农合参合人数和比例数据信息更新至 2014 年）。

3.2　关于城乡居民医保整合改革的研究进展：综述分析

目前，国内学者对城乡居民医保整合问题进行了广泛研究和讨论。随着全国范围的城乡居民医保整合制度的推行，涌现了不少地区层面和全国层面的整合效果实证研究。总体来看，可以归纳为六个方面的研究。

3.2.1　城乡居民医保整合的可行性和必要性探讨

我国自 20 世纪末逐步探索建立基本医疗保险制度以来，形成了"三保分立"的医保制度形态。在实行城乡居民医保整合前，部分研究认为我国基本医保制度分立导致"碎片化"问题，不利于社会公正、社会流动和社保制度的运行质量和长期建设（郑秉文，2009）。肖严华（2016）指出多重分割的基本医保制度直接阻碍了劳动力的有效流动，影响到就业和收入分配。申曙光（2014）从公平、效率、可持续性的角度剖析了三大基本医保制度分割造成的问题。郑功成（2015）认为多元的基本医保制度只是实现了形式上的普惠性，而实质上的公平性需要通过整合医保制度来实现。进一步地，徐玲和简伟研（2010）发现三大基本医保制度在受益公平性上存在较大差异，其中新农合受益不公平程度最高。马超等（2012）研究我国医疗保障制度的城乡分割问题，发现城乡医疗差距中的 88.1% 是不公平的，并且城乡不公平程度在大额医疗支出上更加严重。王红漫（2013）认为将三大基本医保制度转化为统一制度下的三种医疗保障水平，允许居民自由选择，可以提高百姓满意度，并能节约政府卫生支出。蒋云赟和刘剑（2015）从减轻财政负担的角度分析了整合城乡医保制度的必要性。总体来看，绝大多数学者都认为，我国基本医保制度的长期分立运行不利于人民医疗健康事业、城乡公平和社会经济发展，城乡医保制度的整合势在必行。

3.2.2　对城乡居民医保整合发展思路和路径的理论思考

为回应医保制度碎片化问题，学者们开展了较为丰富的研究，大部分学者认为应该渐进式整合现行多元的医保制度，在完成城居保与新农合并轨的基础上，再与城职保进行整合，最终实现全国统一的全民医疗保险制度（郑功成，2010；仇雨临等，2011；唐昌敏等，2016；朱虹等，2016；袁国敏和陈鑫，2016），这也已成为我国基本医疗保险制度建设的实际方向。殷俊和陈天红（2012）以湖北省武汉市为例，探讨城居保和新农合制度并轨策略，提出取消户籍、统一管理城乡居民医保财政补助资金，建立多档次的个人缴费标准的医保整合发展方案。顾海（2014）探讨统筹城乡医疗保障制度的模式分类和实施路径，并提出具体的整合框架与建议。熊先军等（2011）总结各地整合城乡医保制度的经验，认为可以通过"一制多档，自主选择"的制度设计体现城乡发展差异和个体待遇差别。朱坤等（Zhu et al.，2017）从筹资角度探讨城乡居民医保整合的制度设计，他们认为新农合筹资规模仅为农村居民年人均收入的

2%，城居保的筹资规模为城市居民可支配收入的2%，个人缴纳的保费仅占其收入或可支配收入的1%左右，而且中央和地方政府给予新农合和城居保的财政支持在过去十几年中并不稳定。随着人民日益增长的医疗需求，城乡居民医保整合后应该扩大筹资基金规模，以便更好适应人口老龄化进程，降低参保人群发生灾难性医疗支出的风险，其中提高个人筹资水平和推行强制参保可能是促进城乡居民医保可持续发展的重要途径之一。

3.2.3 对各地城乡居民医保整合试点成效的评估和经验总结

2016年城乡居民医保整合政策推出后，各地积极响应，为整合试点成效的评估和经验总结提供了丰富的实践样本与分析案例。综合各地的政策实施情况，李长远（2015）比较分析了不同城乡居民医保整合模式的实施效果，认为整合城乡居民医保制度面临诸多障碍，比如缺乏顶层制度设计、卫生资源配置不均衡等问题。孙淑云（2015）也认为，由于缺乏顶层设计，各地医保整合出现"再碎片化"问题，提出通过立法手段，加强整合城乡基本医保的制度体系的顶层设计。李亚青（2015）以医保制度整合为背景，综合人口总量和结构等方面的动态变化因素，测算了社会医疗保险未来所需的人均筹资和财政补贴，并对财政补贴可持续性进行了评估。吴春艳等（2016）对浙江嘉兴市城乡居民医保整合的主要做法、成效和存在的问题进行了讨论。马超等（2016）利用2008年和2012年中国健康与养老追踪调查（CHARLS）中甘肃和浙江两省数据，研究了城乡居民医保整合对城乡居民医疗服务利用机会平等的影响，发现医保整合缓解了门诊利用次数上的城乡机会不平等，但对城乡住院机会平等方面的作用不显著。刘培等（Liu et al.，2018）根据2009～2011年宝鸡市门诊患者和2011年住院患者信息，分析当地城乡居民医保整合对患者医疗负担的影响，发现医保整合后农村居民更倾向于选择初级医疗机构（乡镇卫生院和村卫生室）就医，住院费用和住院天数都显著下降。综合来看，学界从多个角度探讨评估了城乡居民医保整合试点成效与经验，验证政策成效的同时也发现了制度试点过程中出现的新问题，在政策实行多年后从更高、更系统的全国层面考察医保整合政策实效仍有必要性。

3.2.4　检验城乡居民医保整合对医疗服务利用及公平性的影响

城乡居民医保整合政策设计的初衷在于缩小城乡医疗服务水平差异，提升农村人口的医疗服务利用可及性和公平性，因此许多学者围绕该目标开展了大量实证研究。黄贤和吴冰晓（Huang & Wu，2020）利用 2011 年、2013 年、2015 年 CHARLS 数据发现，城乡居民医保整合对农村中老年人的住院医疗服务利用具有显著的促进作用，尤其对于贫困地区的农村居民的作用更加明显，这主要得益于医保整合后住院费用报销水平的提高。李超凡等（Li et al.，2019）利用 CHARLS 数据发现，城乡居民医保整合显著提高了农村居民的门诊和住院就诊次数，但是门诊和住院就诊可能性在整合前后没有显著变化。赵苗苗等（Zhao et al.，2019）利用 2013 年第五次全国卫生服务调查数据，发现城乡居民医保整合显著降低了住院医疗服务利用的不公平性，存在住院服务受益的"亲穷人"现象，并且通过贡献度分解测算得到整合对降低住院医疗服务利用不公平的贡献度达到 37%。然而，任杨玲等（Ren et al.，2022）利用 2013 年和 2015 年 CHARLS 数据，采用集中指数方法就整合对门诊和住院受益公平性的影响进行研究，他们并未发现整合的住院效益，但是发现整合对门诊服务利用的影响存在明显的"亲穷人"现象，有助于降低有利于富人的不平等。同样，马超等

（2016）和周钦等（Zhou et al.，2022）也未发现整合对住院服务利用的显著影响。但王增文等（Wang et al.，2019）发现了不一样的结果，他们通过分别计算新农合和城乡居民医保参保居民门诊和住院医疗服务利用的集中指数，分析城乡居民医保整合改革的公平性；研究发现，相比于新农合，城乡居民医保存在更明显的"亲富人"的门诊医疗服务利用不公平问题；相反，城乡居民医保"亲穷人"的住院服务利用不公平比新农合更加明显。关于医保整合下医疗服务利用及道德风险的最新研究中，李瑶等（Li et al.，2023）利用 CHARLS 2011 ~ 2018 年四期数据发现，医保整合增加住院医疗服务利用水平，相应的价格弹性在 - 0.68 ~ - 0.62。他们进一步研究发现，医保整合通过收入效应增加的医疗服务利用占 43.33% ~ 66.36%，代表着 43% 以上的医疗服务利用增加属于福利水平的提高，与此同时意味着 30% 以上的住院医疗服务利用增加属于福利损失，需要进一步推进家庭医生合同服务和医保支付方式改革来提高医疗资源的利用效率。

3.2.5 城乡居民医保整合对健康及公平性的影响研究

医保改革的最终效果反映在其对人口的健康状况改善作用上，因此，有学者从城乡居民医保整合对健康及其公平性的影响检验整合成效。常雪等（2018）利用中国劳动力动态调查（CLDS）数据，发现城乡居民医保整合未能降低样本人群的患病率，并且对客观健康的影响不显著，但是有助于改善居民因健康状况差所导致的工作进程与工作效率的降低，并且有利于提高居民的自评健康。通过对影响路径的分析发现，城乡居民医保整合改革提高了报销比例、降低了农村居民在患病后不就诊的可能性、降低了农村居民因病影响工作的程度。郑超等（2021）基于 2015 ~ 2018 年 CHARLS 两期面板数据发现，城乡居民医保整合具有显著的健康效应，显著提升了居民的自评健康、心理健康和客观健康水平，同时显著降低了健康不平等程度。他们认为居民的医疗支出自付比例降低和居民健康风险意识增强是城乡居民医保整合提高健康绩效的重要中介渠道。城乡居民医保整合对于城市和农村人口健康的具体影响及其缩小人群健康差距的作用仍有待学术界的细化研究。

3.2.6 针对城乡居民医保整合对特定人群影响的研究

关于医保整合对流动人口群体等特定人群影响的相关文献较少。孟颖颖等（2020）基于全国流动人口动态监测调查（CMDS）数据研究了医保整合如何影响农民工对于所处城市的融入度，结果表明农民通过参加城乡居民医保，对比参保新农合而言，能够显著提高对于打工城市或长期居住城市的归属感。赵紫荆和王天宇（2021）利用中国劳动力动态调查（CLDS）2014 年和 2016 年的数据研究发现，城乡居民医保整合显著提高了农村居民定居城镇和在城镇购房的意愿。"工作导向定居"的影响占主导，即医保整合提高了农村居民在城市务工的便捷性，从而提高了其在流入地定居的意愿。孙健等（Sun et al.，2021）从抑郁情绪的角度研究城乡居民医保整合对中老年人群健康不平等的影响，通过集中指数分解方法发现整合降低了"亲富人"的健康不平等程度。

3.2.7 研究述评

综上所述，目前已有不少研究对城乡居民医保整合实施效果及公平性进行了有益探讨，从理论层面、地区经验和全国层面给出了一些证据。大部分文献围绕整合对健康和医疗服务利用的影响及相应的公平性进行研究，认为城乡居民医保整合对医疗资源利用和健康具有积极影响，有助于改善健康和医疗服务利用不平等问题，然而仍有不少研究给出了不一样的结论，尤其关于整合的门诊和住院效益及公平性方面的结论存在较大差异。这可能是因为不同的数据库、不同研究人群，以及方法、数据时间上的差异，从而导致研究结论差异较大。在公平问题研究上方法也比较单一，主要采用集中指数方法研究城乡居民医保整合对居民健康和医疗服务利用的影响是否存在"亲富人"的不平等还是"亲穷人"的不平等。此外，关于城乡居民医保整合改革对参保居民医疗负担、财务风险、主观福利感受方面的研究相对不足，针对流动人口、老年人群等特殊弱势群体的研究也不够充分，相应的实证证据较少。

3.3 不同的统筹模式和路径：地区经验

在城乡居民医保筹资和待遇提供模式方面，各地因地制宜探索出了适合当地情况的模式。目前大部分地区采用了"一制一档"模式，即在城乡居民医保制度下统一缴费水平和报销水平。也就是说，参保居民缴纳相同的保费水平，同时享受相同的报销待遇。农村居民和城市居民的缴费水平和待遇水平一致。表3-2报告了北京市城乡居民医保整合前后的筹资水平、参保人数等变化情况。北京市自2018年1月1日开始实施城乡居民医保制度，城市和农村老年人每人每年缴费180元，学生儿童每人每年缴费180元，劳动年龄内居民每人每年缴费300元，财政补助每人每年1430元。相比于整合前的新农合和城居保筹资水平，城乡居民医保的个人筹资水平有所下降，但是财政补贴力度进一步加大到1430元。2018年末全市参加城乡居民医保人数共390.8万人，比整合前的新农合和城居保参保人数略有上升，参保率达到了99%以上。全年全市医疗保险经办机构审核结算城乡居民医保费用2637万人次，同比增长8.9%。城乡居民医保基金收入80.5亿元，基金支出79.2亿元，基金收支都显著高于整合前的水平。

表 3－2　　　　　　　　　　北京市基本医疗保险基本情况

项目	新农合（2017 年）	城居保（2017 年）	城乡居民医保（2018 年）
筹资水平	农民个人每人每年缴费 160 元；财政补助每人每年 1040 元	城镇老年人、学生儿童、城镇无业居民个人缴费分别为每人每年 360 元、160 元和 660 元；财政补助每人每年 1000 元	城乡老年人、学生儿童、劳动年龄内居民个人缴费分别为每人每年 180 元、180 元和 300 元；财政补助每人每年 1430 元
医保基金收入（亿元）	25.8	25.6	80.5
医保基金支出（亿元）	28.8	22.1	79.2
参保人数（万人）	186.9	202.2	390.8
医保使用人次（万人次）	2421		2637

资料来源：北京市人力资源和社会保障局网站，以及 2017 年度和 2018 年度北京市社会保险事业发展情况报告。

也有不少地区采取"一制多档"模式，即设置了多个缴费档次的选择，参保人可以根据自身需求选择，不同档次的缴费额度不同，对应的保障力度也不同，比如天津、成都、盐城、佛山等地区采用了"一制多档"模式。在该种模式下，农村居民可以选择与整合前新农合接近但是高于新农合的缴费和待遇水平，也可以选择较高的缴费和待遇水平。以天津市为例，天津市在 2010 年自发实施了城乡居民医保整合，针对成人设定三档缴费选择，其中一档每人每年 560 元（个人缴纳 330 元、政府补助 230 元），二档每人每年 350 元（个人缴纳 160 元、政府补助 190 元），三档每人每年 220 元（个人缴纳 60 元、政府补助 160 元）。另外对学生儿童单独设定较低的缴费水平，每人每年筹资标准是 100 元，其中个人缴纳医疗保险费 50 元，政府补助 50 元。

此外，上海另辟蹊径，沿用整合前城居保的筹资模式，采用"按年龄分档"缴费,即筹资标准按照不同年龄分段确定。表3-3报告了上海市新农合、城居保和城乡居民医保的筹资标准差异情况。在城乡居民医保整合前,城居保按年龄人群分类缴费,19~59周岁人群收入最高,相应的个人缴费贡献也最大。中小学生和婴幼儿健康状况最好,承担的保费水平也最低。虽然老年人的医疗需求高和医疗服务利用多,但是收入水平有限,对此给予了老年人最高的政府补助,总筹资水平高于19~59周岁人群。在整合后,按照"筹资就低不就高、待遇就高不就低、目录就宽不就窄"的原则调整筹资水平,整体筹资水平提高,比如19~59周岁人群的人均筹资水平达到2500元,明显高于新农合相对应年龄人群的1800元和城居保相对应人群的1700元的人均筹资水平。此外,在筹资倾向上更加注重照顾老年和小孩,比如60周岁以上老年人的财政补助达到2900元,充分发挥了基本医疗保险制度的二次分配和促进社会公平的作用。

表3-3 上海市基本医疗保险筹资水平

年龄段	新农合(2015年)	城居保(2015年)	城乡居民医保(2016年)
70周岁以上	1800元:个人270~400元(各区不等),财政补助1400~1530元(各区不等)	3300元:个人340元,财政补助2960元	3300元:个人400元,财政补助2900元
60~69周岁		3300元:个人500元,财政补助2800元	3300元:个人400元,财政补助2900元
18~59周岁		1700元:个人680元,财政补助1020元	2500元:个人600元,财政补助1900元
中小学生和婴幼儿	不在参保范围	750元:个人90元,财政补助660元	900元:个人120元,财政补助780元

资料来源:上海市人力资源和社会保障局网站。

不同整合模式在提高参保积极性等方面各有优势，并且都显著提高了参保人群的医疗保障水平。"一制多档"模式下，尤其对于农村居民而言，可以根据自身医疗需求和经济状况选择与新农合接近的缴费水平，也可以选择更高的缴费水平。根据钟海和王震（Zhong & Wang，2022）的最新研究，他们发现"一制多档"模式下居民参加城乡居民医保的积极性显著高于"一制一档"模式下的参保积极性。因此，"一制多档"模式为医疗保险政策的统一起到了平稳过渡的作用，不失为一种成功的过渡模式。

表 3-4 汇报了"一制一档""一制多档""按年龄分段缴费"模式下典型城市（以北京、天津和上海为例）的资金筹集、门诊和住院待遇制度安排。可以看出，不管采用哪种医保整合模式，城乡居民医保的报销待遇相对于新农合都有较明显的提高。尤其在门诊待遇上，在整合前，大部分地区的新农合和城居保制度提供的门诊待遇普遍较低，基本仅有 200~300 元的门诊报销额度。在整合后，门诊待遇显著提升，比如上海的门诊急诊待遇提高到了 50%~80% 的报销水平，北京和天津的门诊报销比例也在 50% 左右。待遇水平的提升说明了城乡居民医保整合遵循"以人为核心"的原则，以提高农民的医疗保障水平为制度建设的出发点和落脚点，同时兼顾城镇居民的医疗和保障需求，促进了城乡居民健康和医疗服务利用的公平性。在住院待遇方面，城乡居民医保的住院报销比例进一步提高，虽然各地存在差异，但是大部分地区医保范围内的住院报销比例都在 60% 左右甚至更高，比如上海市 60 周岁以上的城乡居民医保参保人员在一级（包括社区卫生服务中心）、二级、三级医院的住院报销比例分别为 90%、80% 和 70%。天津市的低档缴费参保人在一级、二级、三级医院的住院报销比例分别达到了 70%、65% 和 60%。

表 3-4　2024年典型地区城乡居民基本医疗保险制度设计

城市	资金筹集	门诊待遇	住院待遇
北京	1. "一制一档" 2. 城乡老年人每人4720元/年，其中财政补助每人4320元/年，个人缴费每人400元/年 3. 学生儿童每人2070元/年，其中财政补助每人1695元/年，个人缴费每人375元/年 4. 劳动年龄内居民每人3020元/年，其中财政补助每人2315元/年，个人缴费每人705元/年	1. 门急诊封顶线5000元 2. 起付线：一级及以下医疗机构、二级及以上医疗机构分别为100元和550元 3. 一级及以下医疗机构、二级及以上医疗机构的门诊报销比例分别为55%和50%	1. 住院封顶线为25万元 2. 老年人、劳动年龄内居民起付线一级及以下、二级、三级医疗机构分别为300元、800元和1300元 3. 学生儿童起付线一级及以下、二级、三级医疗机构分别为150元、400元和650元 4. 一级及以下、二级、三级医疗机构报销比例分别为80%、78%和75%~78%
天津	1. "一制多档" 2. 高档1010元，低档358元 3. 学生儿童按照低档标准缴费	1. 门急诊封顶线4000元 2. 一级医院、二级医院、三级医院的门诊报销比例分别为55%、55%和50%	1. 住院封顶线为25万元 2. 高档缴费人群：一级、二级、三级医疗机构的报销比例分别为85%、80%和75% 3. 低档缴费人群：一级、二级、三级医疗机构的报销比例分别为70%、65%和60%
上海	1. "按年龄分档" 2. 70周岁以上人员7169元，其中个人缴费595元，政府补贴6574元 3. 60~69周岁人员7169元，其中个人缴费765元，财政补贴6404元 4. 18~59周岁人员4149元，其中个人缴费935元，财政补贴3214元 5. 大学生1444元，其中个人缴费295元/年，财政补贴1149元 6. 中小学生和婴幼儿1149元，其中个人缴费295元，财政补贴854元	1. 起付线：60~69周岁人员和70周岁以上人员：300元；18~59周岁人员：500元；中小学生和婴幼儿、大学生：300元 2. 一级医院：70%；二级医院：60%；三级医院：50%；村卫生室（内医务部门）：80%（不计入起付线）	1. 一级、二级、三级医疗机构起付线分别为50元、100元和300元 2. 中小学生和婴幼儿、大学生，18~59岁人员：一级医院、二级医院、三级医院分别为80%、75%和60% 3. 60~69周岁人员、70周岁以上人员：一级医院、二级医院、三级医院分别为90%、80%和70%

资料来源：北大法宝数据库和各市市人社局官网。

第4章 城乡居民医保整合改革对居民医疗服务利用、财务风险和健康及公平性的影响

本章运用全国代表性的中国家庭调查数据，采用双重差分法（DID）实证估计城乡居民医保整合改革对农村和城市居民医疗服务利用、财务风险和健康状况等的影响。

虽然医保整合政策属于外生政策干预，但是各地区可以根据当地情况选择何时实施整合政策。也就是说，城乡医保整合干预组和对照组可能存在差异，对此，本章在 DID 估计之前，采用倾向得分匹配方法（PSM）对样本进行处理，在处理组和对照组中选择具有相近观测特征的样本。

4.1 研究方法与数据

4.1.1 研究方法

1. 评价指标选择

本章研究中的核心变量是城乡居民医保整合处理变量，如给定的地区在 2016 年之前实施了城乡居民医保整合政策，则该变量取值为 1，否则为 0。在本章研究中，农村居民在 2013 年已参加新农合，而城市居民

则参加城职保。本研究假设在给定地区于 2015 年实施整合政策后，无论这些参保者自身是否意识到了医保整合的影响，均认为其受到了城乡居民医保整合政策的影响。本研究通过北大法宝 V6 官网（pkulaw.com）和各地政府网站收集整理得到各地的整合政策信息。由于住院服务利用和家庭年收入信息来自受访者上一年的情况，因此，本章研究关心的是地区在上年度是否实施医保整合。比如 2017 年数据中，如果当地在 2016 年实施了城乡居民医保整合，则处理变量取值为 1，如果 2017 年整合则取值为 0。假设当地实施城乡居民医保整合后当地新农合、城居保、城乡居民医保参保人员人群将受到政策影响。

本章研究采用卫生经济学领域标准的 3A 分析框架对城乡居民医保整合效果进行评估，即考察城乡居民医保整合是否有助于促进城乡居民的医疗服务利用，是否减轻其财务负担，以及是否促进其健康水平。针对以上目标，本章主要的被解释变量设定如下：

（1）医疗服务利用。我国新农合和城居保以住院补偿为主，对门诊医疗服务的报销水平有限。中国家庭金融调查（CHFS）收集的也主要是住院医疗服务信息，尚未收集门诊医疗信息（Meng et al.，2015；Pan et al.，2016；Zhou et al.，2017）。因此，本章利用个人在上年度是否住院（是 =1，否 =0），以及住院总支出（报销前）来衡量医疗服务利用。

（2）财务风险保护。住院自付医疗费用在家庭总支出中的比重越大，家庭财务风险越高，医疗负债的可能性也越大。借鉴文献的做法（Xu et al.，2007；Wagstaff & Lindelow，2008；Finkelstein et al.，2012；Barnes et al.，2017；Zhou et al.，2017），本章从住院自付医疗费用、住院自付医疗费用占家庭年人均收入的比重、家庭是否有医疗负债以及医疗负债金额四个方面来衡量家庭财务风险。

（3）自评健康。自评健康能够较好地反映客观健康状况，文献中常用于评估健康水平（Miilunpalo et al.，1997；Finkelstein et al.，2012；Pan et al.，2015）。CHFS 收集了受访者与同龄人相比的自评健康状况。对于回答健康状况"极好"或"好"的情况，本章定义自评健康为好，回答"一般""差""极差"，则定义为自评健康较差。

（4）集中指数。构建地区层面的集中指数用于分析与收入相关的健康和医疗服务利用分布差异。集中指数的绝对值越大，表明与收入相关的不平等程度越大。在此基础上，基于 DID 模型，检验城乡居民医保整合对地区健康和医疗服务利用公平性的影响。

为降低其他潜在因素的影响，在个人层面的估计中，本章控制了样本的人口统计学特征和社会经济特征变量，包括年龄、性别、婚姻状况、教育年限、工作状况（包括公共部门、国有企业、私营企业、自雇或务农），以及家庭经济状况（家庭年人均收入、家庭人均净资产）。此外还控制了县/市特征，包括人均生产总值（GDP）、每千人医院床位数和地区分布（东部、中部、西部和东北）。

2. 模型建立

城乡居民医保整合的实施类似于一项准自然试验，评估其对于城乡居民医疗服务利用、财务风险保护和自评健康收入等的影响可选择的政策评估方法较多。本章采用了 PSM - DID 的分析方法，通过与对照组相比，得到处理组在医疗服务的利用、财务风险和健康方面的变化。DID模型是评估政策效应常用的方法，根据 DID 模型，处理效应的衡量是通过比较处理组在 t 时期（干预前）和 $t+1$ 时期（干预后）的结果变化与处理组在没有受到干预的情况下的反事实结果，即对照组在政策干预前后的结果变化。DID 模型的建立基于处理组和对照组要符合共同趋势假设，即没有政策干预下，处理组和对照组的结果变化是一致的。本章中，虽然城乡居民医保整合政策是外生的，但地方政府可以选择何时实施这一政策。为了满足共同趋势的假设，在进行 DID 估计之前采取 PSM 方法，根据倾向得分的相似性，在对照组和处理组中选择出具有相同特征的样本。PSM - DID 方法与面板数据的固定效应相同，即在处理组和对照组中可能存在固定的无法观测到的差异（Heckman et al. , 1997）。

具体的 PSM – DID 方法主要有以下两个步骤。第一步，依据特征变量采用 Logit 模型估计样本进入处理组的条件概率，得到城乡医保未整合地区的参保样本的倾向得分，根据得分确定对照组中与处理组相匹配的样本（Smith & Todd, 2001）。进行倾向得分匹配的方法有多种，本章采用 0. 05 卡尺范围的 1∶4 最近邻匹配（nearest – neighbor matching within caliper），即在给定的卡尺范围内寻找最近匹配，该方法下处理组的信息能够充分使用，且弥补了最近邻匹配方法下标准误差较大的问题（Austin, 2014）。本章测试了结果对不同算法的敏感性，并获得了一致的结果。PSM 处理过程由 Stata 命令文件中 psmactch2 命令执行。最终，处理组 4302 个农村样本与对照组 7296 个农村样本进行匹配。虽然地区变量的差异较显著，但相关变量的均值差异在匹配后显著减少。同样，处理组 640 个城市样本与对照组 901 个城市样本相匹配。标准化百分比偏差在处理组和对照组匹配后基本位于 0 附近，表明匹配方法能有效地平衡处理组和对照组相关变量的分布（Rosenbaum & Rubin, 1985），且对照组与处理组更加符合共同趋势假设。

第二步，利用匹配后处理组和对照组样本构建 DID 模型，基准模型设定如下：

$$Y_{ijt} = \alpha + \beta_1 Treat_j + \beta_2 After_{it} + \beta_3 Treat_j \times After_{it} + Z_{it}\delta + J_{it}\theta + \mu_{ijt} \quad (4-1)$$

其中：t、j 和 i 分别表示第 t 年地区 j 的受访者 i。Y_{ijt} 代表被解释变量，包括医疗服务利用、财务风险保护和健康状况三个变量。$Treat_j$ 为城乡居民医保整合处理变量，如果给定地区 j 实施了城乡居民医保整合政策，则取值为 1，反之为 0。$After_{it}$ 为时间虚拟变量，2017 年取值为 1，2015 年取值为 0。Z_{it} 表示个体和家庭特征的控制变量，包括年龄、性别、婚姻状况、受教育年限、工作状况和家庭经济状况（即家庭年人均收入的对数，以及家庭人均净资产的对数）。J_{it} 代表地区的协变量，包括地区级每千人床位数的对数，以及人均 GDP 的对数。μ_{ijt} 是随机误差项。系数

β_1 衡量整合政策在地区间的差异，系数 β_2 衡量整合政策实施前后在时间上的差异。系数 β_3 反映城乡居民医保整合政策的净效应，以自付医疗费用的回归为例，负值 β_3 意味着城乡居民医保整合后自付医疗费用减少。α、δ、θ 分别代表常数项、个体和家庭特征控制变量的回归系数和地区协变量的回归系数。

4.1.2　数据及样本

1. 数据来源及样本选择

本章使用 2015 年和 2017 年的中国家庭金融调查（CHFS）数据进行实证分析[①]（该调查是由西南财经大学中国家庭金融调查与研究中心在全国执行的调查项目）。CHFS 收集了中国家庭的金融信息，拥有高质量微观数据，可用于回答许多政策相关问题。该调查于 2011 年开始，每两年追踪随访一次。CHFS 采用分层、多阶段、与规模成比例的 PPS 方法进行抽样，受访者先按管辖区（村/居住社区）分类，再以家庭为单位进行选择。第一轮 CHFS 涉及我国 25 个省份的 80 个辖区的 8438 户和 29500 人（Gan et al.，2016）。该数据收集了详细的微观信息，包括家庭财富和负债、储蓄和消费、社会福利和保险等。2013 年的调查比第一轮调查的样本量大，涉及 29 个省份的 163 个辖区 28142 户。在 2015 年和 2017 年的第三轮和第四轮调查中，样本扩充到 363 个辖区的约 40000 户。

本章使用 2015 年和 2017 年 CHFS 数据，主要原因为：其一，具备充足的样本量以构建平衡面板数据。其二，出于整合政策的时点考虑。城乡居民基本医疗保险制度从 2009 年进行了经济发达地区的试点，但 2014 年才真正实现全国覆盖（Meng et al.，2015），2016 年正式开始在全国范

[①]　为了更好地构建面板数据，同时考虑到全国范围的城乡居民医保整合出现在 2015 年之后，对此本报告选取 CHFS 2015 年与 2017 年的数据进行研究。

围推行实施。考虑到较早期完成整合的地区的政策可能存在异质性较大的问题（因为以自发整合为主），对此，剔除了在2014年及之前实施城乡居民基本医疗保险整合的样本（即2015年之前的CHFS数据）。研究对象为16周岁及以上的农村居民（即持有农业户口并居住在农村的居民）和城市居民（即持有非农业户口并居住在城市的居民）。农村（城市）样本为在农村地区被新农合（在城市地区被城居保）覆盖的人群，或是从新农合（城居保）转变为城乡居民基本医疗保险的人群。两期调研中共有35888个农村居民样本和5215个城市居民样本满足本章研究要求。在此基础上剔除缺失值和异常值，其中主要包括未回答家庭收入和资产问题的（农村样本6949个，城市样本1535个），以及一些不可信的回答（农村样本2505个，城市样本598个），例如，住院总支出低于200元，或家庭资产低于1000元等回答。最终得到26434个农村样本和3086个城市样本。考虑到城乡居民医保整合作用于未被城职保覆盖的人群，限定研究人群仅包括无医疗保险、新农合、城居保和城乡居民医保参保样本。

在最终进行分析的数据中，截至2016年，147个县中有29个县由新农合转为城乡居民医保，涉及4387个农村样本，划分为处理组，118个县仍然实施新农合制度，涉及22047个农村样本，划分为对照组。同理，城市样本中，26个城市已经完成城乡居民医保整合，109个城市仍然实行城居保制度，相应的649个城市居民样本和2437个城市样本分别划分为处理组和对照组。

2. 样本描述性统计

虽然城乡居民医保整合与否对个人来说是外生的，但是各个地区在何时进行整合具有较大的自选择性。从目前整合的县市来看，经济发展较好的县市整合的时间相对较早。对此，本章对样本进行PSM匹配，以此降低处理组（受医保整合影响的样本）和对照组（尚未进行医保整合地区的样本）的差异。表4-1报告了样本基本信息。可以看出，在匹配

表 4 - 1　匹配前后的描述性统计

变量	PSM 匹配前					PSM 匹配后				
	对照组		处理组		P 值	对照组		处理组		P 值
	样本量	均值	样本量	均值		样本量	均值	样本量	均值	
A：农村样本										
年龄	22047	48.579	4387	49.673	-1.094***	7296	49.520	4302	49.517	0.003
男性	22047	0.501	4387	0.496	0.005	7296	0.493	4302	0.497	-0.004
已婚	22047	0.116	4387	0.111	0.005	7296	0.108	4302	0.112	-0.004
教育年限	22047	7.235	4387	7.192	0.042	7296	7.115	4302	7.224	-0.109
工作状况：										
公共部门	22047	0.014	4387	0.014	0.000	7296	0.013	4302	0.015	-0.002
国有企业	22047	0.011	4387	0.012	-0.001	7296	0.013	4302	0.012	0.001
私营部门	22047	0.201	4387	0.222	-0.021***	7296	0.225	4302	0.224	0.001
自雇	22047	0.056	4387	0.068	-0.012***	7296	0.072	4302	0.069	0.003
务农	22047	0.392	4387	0.317	0.075***	7296	0.302	4302	0.319	-0.017**
ln（家庭年人均收入）	22047	8.790	4387	8.925	-0.136***	7296	8.943	4302	8.930	0.013
ln（家庭人均净资产）	22047	10.507	4387	10.726	-0.220***	7296	10.762	4302	10.734	0.028
ln（每千人床位数）	22047	6.051	4387	6.074	-0.023***	7296	6.046	4302	6.072	-0.026***
ln（人均 GDP）	22047	9.666	4387	10.821	-1.155***	7296	10.788	4302	10.819	-0.031***
地区 = 东部	22047	0.247	4387	0.733	-0.486***	7296	0.732	4302	0.732	0.000

续表

变量	PSM 匹配前					PSM 匹配后					
	对照组		处理组		P值	对照组		处理组		P值
	样本量	均值	样本量	均值		样本量	均值	样本量	均值	
地区=中部	22047	0.315	4387	0.174	0.142***	7296	0.182	4302	0.174	0.008
地区=西部	22047	0.300	4387	0.069	0.231***	7296	0.061	4302	0.068	-0.007
地区=东北	22047	0.138	4387	0.025	0.114***	7296	0.025	4302	0.025	0.000
B：城市样本										
年龄	2437	45.639	649	49.153	-3.514***	901	48.738	640	48.994	-0.256
男性	2437	0.430	649	0.410	0.02	901	0.445	640	0.409	0.036
已婚	2437	0.181	649	0.168	0.013	901	0.190	640	0.170	0.020
教育年限	2437	9.761	649	9.324	0.438***	901	9.443	640	9.331	0.112
工作状况										
公共部门	2437	0.035	649	0.043	-0.008	901	0.042	640	0.044	-0.002
国有企业	2437	0.021	649	0.017	0.004	901	0.009	640	0.017	-0.008
私营部门	2437	0.227	649	0.194	0.032*	901	0.193	640	0.197	-0.004
自雇	2437	0.119	649	0.096	0.024*	901	0.093	640	0.097	-0.004
务农	2437	0.031	649	0.023	0.008	901	0.026	640	0.023	0.003
ln（家庭年人均收入）	2437	9.334	649	9.593	-0.259***	901	9.620	640	9.591	0.029
ln（家庭人均净资产）	2437	11.288	649	11.785	-0.496***	901	11.849	640	11.786	0.063

续表

变量	PSM 匹配前					PSM 匹配后				
	对照组		处理组		P 值	对照组		处理组		P 值
	样本量	均值	样本量	均值		样本量	均值	样本量	均值	
ln（每千人床位数）	2437	6.175	649	6.301	-0.126***	901	6.312	640	6.299	0.013
ln（人均 GDP）	2437	9.624	649	11.115	-1.491***	901	11.149	640	11.112	0.037
地区＝东部	2437	0.209	649	0.747	-0.538***	901	0.745	640	0.747	-0.002
地区＝中部	2437	0.311	649	0.163	0.148***	901	0.165	640	0.163	0.002
地区＝西部	2437	0.248	649	0.066	0.182***	901	0.054	640	0.067	-0.013
地区＝东北	2437	0.231	649	0.023	0.208***	901	0.037	640	0.023	0.014

注：家庭年人均收入和人均净资产的单位是元（人民币）；表中汇报了对照组和处理组的均值差异的 P 值（t 检验）；在城市样本中，2% 为农民，其中大部分样本居住在接受城乡整合部从事农业生产；***，** 和 * 分别表示在 1%，5% 和 10% 水平上具有统计学显著性。

之前，处理组和对照组在诸多变量上存在显著差异。通过匹配，组间差异显著缩小，仅有个别变量和地区变量存在组间差异，说明匹配效果明显。根据匹配后的样本描述性统计结果可以看出，农村样本平均年龄50周岁，10%左右的样本已婚，教育水平以初中为主。在就业方面，以务农和私营部门就业为主。城市样本年龄平均为49周岁，已婚比例、平均教育水平、家庭收入和净资产水平略高于农村样本。

4.2　实证结果及分析

4.2.1　对农村居民医疗服务利用、财务风险和健康状况的影响

在医疗服务利用方面，从表4－2列（1）和列（2）结果可见，城乡居民医保整合对农村居民住院可能性和住院总支出均无显著影响。列（3）~列（6）报告了医疗财务风险四个指标的回归结果。结果表明，整合政策显著降低了农村居民自付医疗费用占家庭年人均收入的比重，同时降低了发生医疗负债的可能性（虽然不显著）。在健康方面，列（7）结果显示，城乡居民医保整合后农村居民自评健康好的可能性增加了7.3个百分点。因此，城乡居民医保整合在一定程度上降低了医疗财务风险，且显著改善农村居民的自评健康，但对住院医疗服务利用的影响不显著。

从"After"变量的估计结果可以看出，处理组和对照组医疗服务利用和财务风险都在增加，而处理组受城乡居民医保整合的影响，财务风险得到控制。这可能与我国医疗体制不断改革和医疗服务水平提高有关。根据国家统计局数据，医疗保险的筹集资金和保障水平都显著增加。例如，新农合的筹资水平从2014年的410元（政府补贴320元，个人缴费

90 元）增加到 2016 年的 570 元（政府补贴 420 元，个人缴费 150 元），增长幅度达到 39%，人均报销费用也同比增加。城居保的筹资和报销水平大幅提高，医疗服务利用显著增加，住院人数从 2014 年的 2.044 亿人次增至 2016 年的 2.273 亿人次，增长了 11.2%。此外，本章研究发现，受过良好教育、有工作且家庭经济状况较好的已婚年轻人健康状况更好，医疗服务利用较低，因而其医疗财务风险也较低。

表 4 - 2　　　　　　　　城乡居民医保整合对农村居民的影响

项目	(1) 住院与否	(2) ln(住院医疗总支出)	(3) ln(自付医疗费用)	(4) 自付医疗费用占家庭年人均收入比重	(5) 医疗负债	(6) ln(医疗负债)	(7) 自评健康好
处理组×第二期 (Treat×After)	0.002 (0.051)	-0.029 (0.066)	-0.079 (0.057)	-0.055 *** (0.018)	-0.051 (0.058)	-0.048 (0.058)	0.073 ** (0.036)
处理组（Treat）	-0.031 (0.038)	-0.019 (0.043)	-0.019 (0.040)	0.008 (0.013)	-0.042 (0.042)	-0.051 (0.040)	0.012 (0.025)
第二期（After）	0.144 *** (0.031)	0.217 *** (0.042)	0.077 ** (0.037)	0.041 *** (0.013)	0.159 *** (0.034)	0.196 *** (0.039)	-0.027 (0.022)
年龄×10	0.002 *** (0.000)	0.002 *** (0.000)	0.002 *** (0.000)	0.000 *** (0.000)	-0.000 *** (0.000)	-0.000 *** (0.000)	-0.002 *** (0.000)
男性	-0.002 (0.027)	0.018 (0.034)	-0.005 (0.030)	0.009 (0.010)	0.074 ** (0.029)	0.070 ** (0.031)	0.088 *** (0.018)
已婚	-0.195 *** (0.063)	-0.001 (0.047)	-0.010 (0.041)	-0.024 ** (0.011)	-0.040 (0.051)	-0.064 (0.062)	0.154 *** (0.035)
教育年限	-0.010 *** (0.004)	-0.016 *** (0.005)	-0.0170 ** (0.005)	-0.003 * (0.002)	-0.027 *** (0.004)	-0.028 *** (0.005)	0.023 *** (0.003)
工作状况（以无业为对照组）							
公共部门	-0.508 *** (0.124)	-0.635 *** (0.092)	-0.554 ** (0.074)	-0.049 (0.040)	-0.091 (0.123)	-0.080 (0.100)	0.369 *** (0.070)
国有企业	-0.442 *** (0.132)	-0.541 *** (0.101)	-0.498 *** (0.080)	-0.0567 ** (0.025)	-0.0280 (0.118)	-0.0518 (0.121)	0.105 (0.073)

项目	（1）住院与否	（2）ln（住院医疗总支出）	（3）ln（自付医疗费用）	（4）自付医疗费用占家庭年人均收入比重	（5）医疗负债	（6）ln（医疗负债）	（7）自评健康好
私营企业	-0.410 *** (0.041)	-0.539 *** (0.043)	-0.442 *** (0.038)	-0.072 *** (0.011)	-0.069 * (0.040)	-0.085 * (0.044)	0.144 *** (0.025)
自雇	-0.3179 *** (0.0513)	-0.480 *** (0.058)	-0.372 *** (0.051)	-0.057 *** (0.017)	-0.322 *** (0.065)	-0.235 *** (0.049)	0.213 *** (0.034)
务农	-0.297 *** (0.030)	-0.521 *** (0.046)	-0.391 *** (0.040)	-0.097 *** (0.014)	-0.083 ** (0.034)	-0.124 *** (0.039)	0.070 *** (0.022)
ln（家庭年人均收入）	0.018 (0.012)	0.028 * (0.015)	0.035 *** (0.013)	-0.065 *** (0.006)	-0.101 *** (0.013)	-0.104 *** (0.0150)	0.073 *** (0.008)
ln（家庭人均净资产）	-0.0320 *** (0.0085)	-0.043 *** (0.0121)	-0.018 * (0.010)	-0.003 (0.004)	-0.128 *** (0.0093)	-0.134 *** (0.012)	0.096 *** (0.006)
ln（每千人床位数）	0.160 ** (0.069)	0.225 *** (0.082)	0.123 * (0.072)	-0.012 (0.0221)	-0.178 ** (0.0759)	-0.177 ** (0.077)	-0.110 ** (0.047)
ln（人均GDP）	-0.063 (0.045)	-0.095 (0.059)	-0.030 (0.051)	0.039 ** (0.016)	-0.021 (0.052)	0.037 (0.051)	0.168 *** (0.032)
样本量	23196	23189	23196	23196	23196	23196	23186
调整后的 R^2	0.083	0.047	0.038	0.022	0.081	0.039	0.100

注：括号内为标准误差，***、** 和 * 分别表示在1%、5%和10%水平上具有统计学显著性。在所有回归中都控制了地区特征变量。

4.2.2 对城市居民医疗服务利用、财务风险和健康状况的影响

表4-3报告了城乡居民医保整合对城市居民影响的 PSM-DID 估计结果，交互项"Treat × After"的系数都不显著，表明城乡居民医保整合政策在短期内对城市居民的住院医疗利用、财务风险保护和健康状况影

响不大。总的来看，城乡居民医保整合对农村和城市居民的住院医疗服务利用率的影响都较小，但农村居民的财务风险保护和健康状况得到明显改善，而未对城市居民产生影响。换言之，城乡居民医保整合提升了农村居民的医疗保障水平，但是对城市居民的影响有限，这在一定程度上有利于缩小城乡居民在健康、财务风险保护等方面的差距。

表 4 - 3　　　　　　　　城乡居民医保整合对城市居民的影响

项目	（1）住院医疗服务	（2）ln(住院医疗总支出)	（3）ln(自付医疗费用)	（4）自付医疗费用占家庭年人均收入比重	（5）医疗负债	（6）ln(医疗负债)	（7）自评健康好
处理组 × 第二期（Treat × After）	- 0.092 (0.136)	- 0.140 (0.187)	- 0.056 (0.161)	0.006 (0.034)	- 0.087 (0.195)	0.000 (0.123)	0.144 (0.095)
处理组（Treat）	0.015 (0.101)	0.026 (0.125)	0.019 (0.111)	- 0.021 (0.024)	- 0.028 (0.135)	- 0.065 (0.091)	- 0.099 (0.069)
第二期（After）	0.117 (0.089)	0.2179 * (0.121)	0.057 (0.103)	- 0.003 (0.028)	0.048 (0.114)	0.052 (0.097)	0.023 (0.063)
年龄 × 10	0.002 *** (0.000)	0.003 *** (0.001)	0.002 *** (0.000)	0.000 (0.000)	0.000 (0.000)	0.000 (0.000)	- 0.001 *** (0.000)
男性	0.073 (0.073)	0.114 (0.096)	0.048 (0.081)	0.031 (0.024)	0.015 (0.096)	0.015 (0.070)	- 0.061 (0.050)
已婚	- 0.365 ** (0.161)	- 0.051 (0.157)	- 0.054 (0.139)	- 0.027 (0.039)	0.096 (0.165)	0.044 (0.136)	0.419 *** (0.092)
教育年限	- 0.006 (0.010)	- 0.007 (0.016)	- 0.005 (0.014)	- 0.004 (0.004)	0.015 (0.014)	0.012 (0.011)	0.025 *** (0.008)
工作状况（以无业为对照组）							
公共部门	- 0.350 * (0.206)	- 0.433 ** (0.201)	- 0.283 (0.181)	- 0.051 ** (0.023)	- 0.009 (0.247)	- 0.084 (0.157)	0.093 (0.125)
国有企业	- 0.561 * (0.313)	- 0.617 *** (0.202)	- 0.446 ** (0.177)	- 0.076 *** (0.026)	0.218 (0.271)	0.199 (0.286)	0.287 * (0.165)
私营部门	- 0.288 *** (0.101)	- 0.381 *** (0.108)	- 0.289 *** (0.093)	- 0.064 ** (0.027)	0.041 (0.114)	0.015 (0.105)	0.184 *** (0.065)

续表

项目	(1) 住院医疗服务	(2) ln(住院医疗总支出)	(3) ln(自付医疗费用)	(4) 自付医疗费用占家庭年人均收入比重	(5) 医疗负债	(6) ln(医疗负债)	(7) 自评健康好
自雇	−0.409 *** (0.128)	−0.502 *** (0.135)	−0.400 *** (0.115)	−0.051 * (0.027)	−1.042 *** (0.356)	−0.326 *** (0.069)	0.259 *** (0.079)
务农	−0.306 (0.232)	−0.419 (0.293)	−0.442 * (0.237)	0.025 (0.128)	−0.407 (0.330)	−0.346 * (0.200)	0.387 ** (0.157)
ln(家庭年人均收入)	−0.026 (0.036)	−0.015 (0.048)	−0.006 (0.040)	−0.060 *** (0.021)	−0.222 *** (0.042)	−0.193 *** (0.047)	0.054 ** (0.026)
ln(家庭人均净资产)	0.013 (0.023)	0.016 (0.033)	0.012 (0.029)	−0.002 (0.007)	−0.0803 *** (0.028)	−0.063 ** (0.028)	0.064 *** (0.017)
ln(每千人床位数)	−0.135 (0.160)	−0.173 (0.223)	0.002 (0.191)	−0.046 (0.060)	0.248 (0.207)	0.243 (0.184)	0.015 (0.113)
ln(人均GDP)	0.143 (0.109)	0.191 (0.154)	0.030 (0.130)	0.027 (0.032)	−0.277 ** (0.139)	−0.263 ** (0.121)	−0.061 (0.078)
样本量	3086	3077	3086	3086	3086	3086	3080
调整后的 R^2	0.091	0.043	0.029	0.021	0.126	0.034	0.092

注：括号内为标准误差，***、** 和 * 分别表示在1%、5%和10%水平上具有统计学显著性。在所有回归中都控制了地区特征变量。

4.2.3 不同整合模式下参保居民的福利效应

如前文所述，目前城乡居民医保整合政策已经在全国各地实施，从缴费和报销政策角度看主要有三种整合模式："一制一档"模式、"一制多档"模式以及"按年龄分段缴费"模式。表4－4分别汇报了"一制一档"模式和"一制多档"模式下城乡参保居民的福利效应。在住院医疗服务利用方面，"一制一档"模式和"一制多档"模式下，城乡参保居民的住院可能性和住院医疗总支出在居民医保整合前后都没有显著变化。在财务风险保护方面，"一制一档"模式下，农村参保居民的自付医疗费用占家庭年人均收入比重显著降低，"一制多档"模式下农村参保居民的医疗负债发生可能性和水平都显著下降。说明"一制多档"模式对健康劣势人群的保护作用可能更大，在该模式下，健康劣势人群可以选择高档次的缴费水平，同时享受高水平的报销政策，从而有效降低了发生医疗负债的灾难性医疗支出风险。在健康水平方面，"一制一档"模式显著提高了农村参保居民自评健康为好的可能性，但是"一制多档"模式下居民的自评健康状况没有发生显著变化。

表 4 - 4　　　　　　　　　不同整合模式下的回归检验

项目	(1) 住院与否	(2) ln(住院医疗总支出)	(3) ln(自付医疗费用)	(4) 自付医疗费用占家庭年人均收入比重	(5) 医疗负债	(6) ln(医疗负债)	(7) 自评健康好
A. 农村样本							
"一制一档"	-0.060 (0.061)	-0.082 (0.081)	-0.101 (0.068)	-0.051 ** (0.022)	-0.014 (0.066)	-0.028 (0.074)	0.170 *** (0.043)
样本量	16016	15975	16016	16016	16010	16016	15968
R²	0.090	0.052	0.037	0.017	0.060	0.025	0.102
"一制多档"	0.058 (0.103)	0.055 (0.137)	0.026 (0.118)	-0.033 (0.034)	-0.231 * (0.125)	-0.236 ** (0.114)	0.057 (0.072)
样本量	5228	5210	5228	5228	5220	5228	5218
R²	0.090	0.048	0.041	0.021	0.119	0.043	0.090
B. 城市样本							
"一制一档"	-0.040 (0.188)	-0.079 (0.231)	-0.049 (0.197)	-0.031 (0.037)	-0.254 (0.272)	-0.029 (0.147)	0.299 ** (0.125)
样本量	1989	2013	2018	2018	1930	2018	2015
R²	0.116	0.058	0.044	0.019	0.174	0.045	0.099
"一制多档"	-0.207 (0.237)	-0.354 (0.346)	-0.109 (0.302)	-0.061 (0.062)	-0.085 (0.415)	-0.121 (0.184)	0.148 (0.171)
样本量	932	973	974	974	918	974	974
R²	0.082	0.032	0.022	0.010	0.152	0.025	0.129

注：括号内为标准误差，***、** 和 * 分别表示在1%、5%和10%水平上具有统计学显著性。控制变量包括年龄、性别、婚姻状况、教育年限、工作状况、家庭年人均收入、家庭人均净资产以及地区特征变量。

以上结果说明，不同整合模式在提供财务风险保护、提高健康水平方面各有优势。"一制一档"模式对一般参保人群（如没有大病冲击）存在明显的财务风险保护作用和提高其自评健康水平。"一制多档"模式对于健康状况较差、有可能面临灾难性医疗支出的健康劣势人群的保护作用更大，意味着更有助于发挥"亲健康劣势人群"的医保公平作用。因此，"一制多档"模式在居民医疗保险政策的统一过程中发挥了平稳过渡的作用，是较为成功的一种过渡模式。

4.3 异质性分析和机制检验

4.3.1 对遭遇过住院冲击人群的影响

在本章中，8.8%的农村样本和9.0%的城市样本在调查期间发生了住院治疗。这些样本最有可能从城乡居民医保整合改革中获得更多经济保障，即为城乡居民医保整合的直接受益人群。对此，进一步将研究样本限定为2014~2016年至少有一次住院的样本，共得到2032个农村样本和278个城市样本，同样利用PSM + DID的方法进行回归，结果汇总于表4-5。

表4-5　　　　　　　　　　至少发生过一次住院医疗的子样本分析

项目	(1) ln(住院医疗总支出)	(2) ln(自付医疗费用)	(3) 自付医疗费用占家庭年人均收入比重	(4) 医疗负债	(5) ln(医疗负债)	(6) 自评健康好
A. 农村样本						
处理组×第二期 （Treat × After）	- 0.173 (0.120)	- 0.851 *** (0.239)	- 0.592 *** (0.181)	0.291 (0.179)	0.381 (0.246)	0.016 (0.140)
处理组（Treat）	0.114 (0.093)	0.142 (0.120)	0.2447 * (0.144)	- 0.367 ** (0.143)	- 0.561 *** (0.177)	0.173 (0.108)

项目	（1）ln（住院医疗总支出）	（2）ln（自付医疗费用）	（3）自付医疗费用占家庭年人均收入比重	（4）医疗负债	（5）ln（医疗负债）	（6）自评健康好
第二期（After）	0.202 *** （0.073）	− 0.881 *** （0.135）	0.107 （0.116）	0.070 （0.098）	0.087 （0.169）	0.116 （0.087）
样本量	2025	2032	2032	2032	2032	2029
调整后的 R^2	0.044	0.086	0.17	0.115	0.077	0.096
B. 城市样本						
处理组 × 第二期（Treat × After）	− 0.078 （0.342）	− 0.198 （0.674）	− 0.213 （0.281）	0.073 （0.688）	0.183 （0.589）	0.498 （0.362）
处理组（Treat）	0.106 （0.205）	0.486 （0.352）	0.022 （0.237）	− 0.928 * （0.526）	− 0.9138 * （0.479）	− 0.205 （0.294）
第二期（After）	− 0.095 （0.214）	− 1.499 *** （0.415）	0.092 （0.222）	0.062 （0.289）	0.026 （0.528）	− 0.118 （0.228）
样本量	278	278	278	254	278	271
调整后的 R^2	0.046	0.05	0.185	0.1734	0.031	0.085

注：括号内为标准误差，***、** 和 * 分别表示在1%、5%和10%水平上具有统计学显著性。控制变量包括年龄、性别、婚姻状况、教育年限、工作状况、家庭年人均收入、家庭人均净资产以及地区特征变量。

表4 - 5中农村样本的回归结果显示，城乡居民医保整合后农村住院样本的自付医疗费用减少，自付医疗费用占家庭年人均收入的比重也显著降低。相比于表4 - 2（农村样本）与表4 - 3（城市样本）的回归结果，表4 - 5中相应变量的回归系数更大，表明城乡居民医保整合更多降低了住院人群的财务风险。同样没有证据表明城乡居民医保整合对农村住院人群的医疗服务利用或健康有显著影响。

与表4 - 2和表4 - 3不同的是，城乡居民医保整合对健康状况的影响为正，但不再显著。这可能是因为样本人群是有住院经历的群体，其健康状况相对较差。同时，受访者通过住院期间的全面检查和诊断更加了解自身的健康问题，住院经历可能使其报告更差的健康状况（Finkelstein et al.，2012）。而对于未住院的农村居民，医保整合可能通过减少其对未来医疗支出风险的担忧从而改善健康。有研究发现，城乡居民医保整合后农村居民的门诊医疗服务利用增加，这将直接改善居民的健康状况（马超等，2016；常雪，2018）。由于数据限制，本章未能给出城乡居民医保整合对门诊医疗服务利用影响的相应证据。

表4-5中城市样本的回归结果显示，城乡居民医保整合对城市居民的医疗服务利用、财务风险保护和健康的影响仍然不显著。

4.3.2 对不同收入人群的影响

进一步将样本按家庭年人均收入分为较低收入、中等收入和较高收入三组，探讨城乡居民医保整合对不同收入人群的影响。同样在做分样本回归前，分别对不同收入组样本进行匹配处理，匹配后变量的标准化偏差接近0，表明匹配效果较好。

表4-6报告了城乡居民医保整合分别对农村和城市不同收入水平人群住院医疗服务利用、财务风险和健康的影响。表中农村样本的结果表明，城乡居民医保整合显著降低了较低收入人群的财务风险，其健康状况也得到显著改善。具体地，城乡居民医保整合后，低收入农村居民的自付医疗费用降低24.5%，相应的自付医疗费用占家庭年人均收入的比重降低10.9%，医疗负债发生可能性降低17.8个百分点，医疗负债金额降低32.9%，同时自评健康好的可能性提高了11.7个百分点。然而，城乡居民医保整合对农村中、高收入人群的住院医疗服务利用、财务风险和自评健康的影响都不显著。

表 4 - 6　　　　　　　　　　不同收入水平人群的异质性分析

项目		(1) 住院与否	(2) ln(住院医疗总支出)	(3) ln(自付医疗费用)	(4) 自付医疗费用占家庭年人均收入比重	(5) 医疗负债	(6) ln(医疗负债)	(7) 自评健康好
A. 农村样本								
较低收入组	系数	-0.112 (0.096)	-0.211 (0.133)	-0.245** (0.113)	-0.109** (0.050)	-0.178* (0.095)	-0.329** (0.137)	0.117* (0.070)
	样本量	6288	6285	6288	6288	6288	6288	6286
	调整后的 R²	0.086	0.050	0.041	0.015	0.043	0.026	0.086
中等收入组	系数	0.107 (0.087)	0.103 (0.117)	0.014 (0.102)	-0.040 (0.028)	0.050 (0.094)	-0.012 (0.109)	0.086 (0.061)
	样本量	8158	8155	8158	8158	8158	8158	8157
	调整后的 R²	0.085	0.050	0.040	0.017	0.085	0.037	0.082
较高收入组	系数	0.066 (0.084)	0.078 (0.098)	0.033 (0.087)	0.004 (0.014)	0.150 (0.112)	0.098 (0.070)	0.005 (0.056)
	样本量	9480	9479	9480	9480	9480	9480	9476
	调整后的 R²	0.087	0.043	0.038	0.011	0.070	0.019	0.088
B. 城市样本								
较低收入组	系数	-0.113 (0.264)	-0.043 (0.334)	0.028 (0.291)	0.013 (0.078)	-0.340 (0.297)	-0.256 (0.310)	0.019 (0.183)
	样本量	946	944	946	946	833	946	943
	调整后的 R²	0.117	0.048	0.038	0.012	0.093	0.038	0.129
中等收入组	系数	-0.515** (0.263)	-0.688** (0.344)	-0.581* (0.304)	-0.068* (0.039)	0.062 (0.427)	0.163 (0.185)	0.319* (0.176)
	样本量	920	920	920	920	774	920	919
	调整后的 R²	0.119	0.048	0.040	0.036	0.133	0.022	0.094
较高收入组	系数	0.069 (0.215)	0.121 (0.294)	0.179 (0.252)	0.002 (0.020)	-0.277 (0.458)	-0.133 (0.135)	0.148 (0.151)
	样本量	1199	1210	1214	1214	885	1214	1214
	调整后的 R²	0.082	0.029	0.014	0.005	0.211	0.028	0.096

注：括号内为标准误差，*** 、** 和 * 分别表示在 1%、5% 和 10% 水平上具有统计学显著性。控制变量包括年龄、性别、婚姻状况、教育年限、工作状况、家庭年人均收入、家庭人均净资产以及地区特征变量。

从 B 组城市样本的回归结果看出，城乡居民医保整合对较低收入组城市居民的住院医疗服务利用、财务风险和自评健康都没有显著影响。尽管对于中等收入组城市居民来说，一些影响系数在10%的水平上是显著的，考虑到处理组样本量过少（仅有 187 个样本），过少的样本量可能影响估计结果的可靠性，故在本章研究中不做深入分析。因此，总体而言，城乡居民医保整合对城市居民的影响有限，城市中的低收入弱势群体未能从医保整合改革中明显受益。

4.3.3　作用机制检验

上述研究结果表明，就财务风险和健康而言，农村低收入人群从城乡居民医保整合改革中受益最多。他们也是最需要社会保障的弱势人群之一，因此城乡居民医保整合显著改善了农村低收入人群的医疗服务利用和健康状况，有利于促进社会公平。与此同时，本章研究发现城乡居民医保整合在促进住院服务利用、提高财务风险保护和促进健康上的作用存在受益人群较窄的问题，城市中的弱势群体未能从整合改革中明显受益。

4.3.1 小节针对住院人群的实证结果表明，城乡居民医保整合改革在降低参保居民医疗负担上发挥的作用明显。城乡居民医保整合显著降低了住院患者的自付医疗费用，其中自付费用占家庭总收入的比重也显著降低，意味着住院患者的医疗经济负担显著降低。在政策层面，整合后的城乡居民医保制度提供的报销水平相比新农合提升明显，与此同时，城乡居民医保将更多的医疗机构纳入报销范围，进而提高了医保适用可能性。本章的实证结果证实，整合后，农村居民实际享受到的医保报销水平得到了切实提高，医疗负担减轻，与政策目标一致。4.3.2 小节针对不同收入人群的实证结果表明，农村低收入人群受益城乡居民医保整合改革最为明显，说明整合改革成效主要通过经济机制作用于参保居民，与 4.3.1 小节的结论一致，即城乡居民医保整合改革通过提高医保报销水平使参保居民明显受益。尤其对于更受经济约束的低收入人群而言，医保报销水平的提升能够有效降低其自付比例，最终作用在于从经济上减轻居民的医疗经济负担，提升财务风险保护。

表 4-7 进一步证明，城乡居民医保整合后（在控制了其他控制变量后），个人层面和县级层面的医疗费用报销率显著提高。因此，此部分研究证实了城乡居民医保整合对农村居民福利效应的影响存在经济效益机制。城乡居民医保整合后，农村居民的自付负担降低，发生医疗负债的灾难性医疗支出风险降低，从而显著改善了其自评健康。

表 4-7　　城乡居民医保整合对住院费用报销率的影响

项目	住院样本	县级层面
	（1）	（2）
A. 农村样本		
处理组×第二期（Treat×After）	0.0422 ** (0.0207)	0.0860 * (0.0448)
样本量	1806	242
调整后的 R^2	0.042	0.053
B. 城市样本		
处理组×第二期（Treat×After）	−0.0557 (0.0548)	0.1108 (0.0912)
样本量	249	133
调整后的 R^2	0.029	0.028

注：括号内为标准误差，***、**和*分别表示在 1%、5% 和 10% 水平上具有统计学显著性。列（1）模型的控制变量包括年龄、性别、婚姻状况、教育年限、工作状况、家庭年人均收入、家庭人均净资产以及地区特征变量。列（2）模型的控制变量包括地区内样本平均年龄、平均受教育年数、地区人均 GDP、地区每千人床位数。

4.4 医保整合对健康和医疗服务利用公平性的进一步分析

前面的研究结果显示，城乡居民医保整合有助于缩小城乡居民之间的健康和财务负担差距。此节将进一步在地区层面检验整合对健康和医疗服务利用公平性的影响，进而分析整合对地区医保受益差距的净影响，其中健康和医疗服务利用公平性通过构建集中指数的方式进行度量。

4.4.1 对地区层面健康公平性的影响

表4-8汇报了城乡居民医保整合对社区/村层面健康公平性影响的DID估计结果。列（1）为全样本下的估计结果，列（2）和列（3）分别为对农村居民样本和城市居民样本进行估计的结果。基期全样本和分样本下的集中指数在0.1991~0.2011，说明在城乡居民医保整合之前的新农合和城居保制度下，农村和城市居民都存在明显的"亲富人"的健康不公平问题。表中交叉项"处理组×第二期"系数显示，居民医保整合对社区/村层面健康公平性的影响并不显著。此外，如表4-9所示，县级层面测量健康公平性的结果显示，整合对县级层面健康公平性的影响也不显著。

表4-8　　　　整合对健康公平性的影响（社区/村层面）

项目	全样本	农村样本	城市样本
	(1)	(2)	(3)
处理组×第二期（Treat×After）	-0.0001 (0.0041)	0.0062 (0.0069)	-0.0028 (0.0050)
处理组（Treat）	0.0025 (0.0029)	0.0038 (0.0049)	0.0020 (0.0036)

续表

项目	全样本	农村样本	城市样本
	（1）	（2）	（3）
第二期（After）	0. 0210 ***	0. 0215 ***	0. 0201 ***
样本量	2386	1012	1374
调整后的 R^2	0. 089	0. 121	0. 082
集中指数（第一期）	0. 1991	0. 2011	0. 1976

注：控制变量包括社区/村层面样本平均年龄和平均受教育年数、地区虚拟变量（东部、中部、西部地区）、每千人床位数和人均GDP。 *** 、 ** 和 * 分别表示在1% 、5% 和10% 水平上具有统计学显著性，括号内为标准误差。

表 4 – 9　　　　　　　　整合对健康公平性的影响（县级层面）

项目	全样本	农村样本	城市样本
	（1）	（2）	（3）
处理组 × 第二期 （Treat × After）	− 0. 0002 （0. 0058）	0. 0058 （0. 0116）	− 0. 0033 （0. 0071）
处理组（Treat）	0. 0012 （0. 0041）	0. 0070 （0. 0070）	0. 0052 （0. 0053）
第二期（After）	0. 0219 *** （0. 0024）	0. 0217 *** （0. 0040）	0. 0208 *** （0. 0033）
样本量	604	245	359
调整后的 R^2	0. 167	0. 214	0. 119
集中指数（第一期）	0. 2070	0. 2061	0. 2041

注：控制变量包括县级层面样本平均年龄和平均受教育年数、地区虚拟变量（东部、中部、西部地区）、每千人床位数和人均GDP。 *** 、 ** 和 * 分别表示在1% 、5% 和10% 水平上具有统计学显著性，括号内为标准误差。

4.4.2　对地区层面医疗服务利用公平性的影响

上文研究发现城乡居民医保整合对农村和城市居民住院可能性、住院医疗支出的影响不显著，即整合改革对城乡居民住院医疗服务利用的

81

影响有限。作为进一步检验，表 4 - 10 报告了城乡居民医保整合对县级层面医疗服务利用公平性的影响，其中医疗服务利用通过住院率进行衡量。与预期结果一致，交叉项"处理组×第二期"的回归系数很小且在 10% 的水平上不显著，表明在住院率方面，整合改革对县级层面住院医疗服务利用公平性的影响很小。由于社区层面住院样本过少，本章未在社区层面回归分析城乡居民医保整合对社区层面医疗服务利用公平性的影响。

表 4 - 10　　　　　整合对医疗服务利用公平性的影响（县级层面）

项目	全样本	农村样本	城市样本
	（1）	（2）	（3）
处理组 × 第二期 （Treat × After）	− 0.0007 （0.0062）	− 0.0033 （0.0150）	− 0.0075 （0.0083）
处理组（Treat）	0.0016 （0.0048）	− 0.0055 （0.0116）	0.0015 （0.0066）
第二期（After）	0.0162*** （0.0035）	0.0225*** （0.0066）	0.0189*** （0.0051）
样本量	604	245	359
调整后的 R^2	0.278	0.259	0.222

　　注：控制变量包括县级层面样本平均年龄和平均受教育年数、地区虚拟变量（东部、中部、西部地区）、每千人床位数和人均GDP。***、** 和 * 分别表示在1%、5%和10%水平上具有统计学显著性，括号内为标准误差。

　　上述研究结果表明，城乡居民医保整合改革未对地区层面的健康和住院医疗服务利用公平性产生显著影响。

4.5　结论与政策启示

　　本章研究结果显示，城乡居民医保整合能够显著提高农村居民的财务风险保护水平，从而降低其发生因病致贫的风险，在农村低收入人群的作用更加明显。其潜在的原因可能在于城乡居民医保整合后农村居民的住院医疗费用报销水平明显提高，自付费用压力降低。另外，城乡居民医保整合后医保基金池的运行能力提高，在不大幅度增加保费水平的情况下参保人也能获得更好的医疗保障水平。

根据 CHFS 数据，农村住院医疗的实际报销比例从整合前的 46% 提高到整合后的 52%，尽管医保报销水平的增加幅度不大，但是低收入或不富裕的人群对医疗费用变化可能表现出较大的弹性（Lu et al.，2019），因此城乡居民医保整合更可能对农村居民产生重要影响。

我国是灾难性医疗支出发生率较高的国家之一（World Health Organization，2017）。2003～2011 年，我国发生灾难性医疗支出的比例为 12%～14%（Meng et al.，2012；Li et al.，2012）。国家乡村振兴局建档立卡数据显示，2015 年统计的最贫困家庭中有 44% 的家庭因病致贫。我国全民医疗保险制度的目标是减少贫困人口的医疗财务风险和消除因病致贫，城乡居民医保整合有利于降低自付医疗费用和灾难性医疗支出风险，进而产生减贫效应。

本章研究结果表明，城乡居民医保整合对农村居民住院可能性和住院总支出没有显著影响，对不同收入水平人群和住院人群进行分样本回归，研究结论依然稳健。因此，城乡居民医保整合至少在短期内对农村居民住院医疗服务利用的影响不大。这可能是因为相对门诊而言，住院医疗需求弹性较小，以及参保者是否住院主要由病情决定，受医保制度的影响较小。因此，在短期内城乡居民医保整合对住院医疗服务利用的作用有限。从地区层面看，整合对住院医疗服务利用公平性的影响也较小。

本章研究发现，农村居民的自评健康在城乡居民医保整合后明显提高，可能是由于医疗保障增加了居民心理上的安全感，从而间接促进了居民的健康水平（Finkelstein et al.，2012）。马超等（2016）发现城乡居民医保整合显著增加了中老年农村居民的门诊服务利用率，这也部分解释了住院医疗服务利用未受显著影响的情况下自评健康有所改善的原因。

由于农村居民的平均健康状况比城市居民要差，医疗财务风险也更大（Meng et al.，2015；Liu et al.，2017），因此，城乡居民医保整合有助于缩小城乡医疗财务风险和健康的差距，进而降低城乡之间的不公平性。然而，健康集中指数的结果显示，在城乡居民医保整合之前人群健康存在明显的"亲富人"的不公平性，在整合后不公平问题仍然存在。此外，城乡居民医保整合对地区层面健康和住院医疗服务利用公平性的影响有限。这与医保整合对个人层面健康的影响较小，以及对个人层面住院医疗服务利用无显著影响有直接关系。随着医保整合后城乡居民医保制度的完善、医疗保障水平提升和覆盖面扩大以及整合政策实施时间的增加，居民对新政策有了更好了解和受益后，整合促进公平的作用可能才会明显显现。

此外，本章研究发现，城乡居民医保整合"一制一档"模式和"一制多档"模式对参保居民的福利效应存在一定差异。"一制多档"模式下参保居民发生医疗借债的可能性显著降低，对于发生医疗借债的人群，他们的借债金额也显著要低，意味着发生灾难性医疗支出的风险显著降低，这与健康风险较大人群可以选择更高水平的报销政策有直接关系。"一制多档"模式为健康状况较差人群提供了更好的财务保护作用，更有助于实现"亲健康劣势人群"的受益公平。但是"一制多档"模式作为平稳过渡的模式，最终都将统一为"一制一档"模式。因此，在医疗保险政策统一模式下，政府部门应该更多关注这些健康脆弱人群，通过大病保险、医疗救助等方式加大对他们的保护，从而降低他们发生医疗负债的风险。

综上所述，城乡居民医保整合提高了农村居民的医疗保障水平，有助于缩小城乡居民财务风险保护和健康的差距。然而，城乡居民医保整合后报销比例增加有限，政策受益对象主要是农村的较低收入人群，对农村其他收入人群和对城市居民的影响不大，需要进一步扩大政策的受益人群，更好地促进健康公平和医疗服务利用公平。

第5章　城乡居民医保整合降低农村居民贫困脆弱性效应评估

5.1　医疗保险与贫困关系的理论分析

疾病与贫困严重影响着人们的福利水平，很可能导致普通百姓陷入"因病致贫、因贫致病"的贫困陷阱。在医疗保障制度缺失的情况下，人们暴露在疾病风险之下，一场大病很可能导致家庭在经济上陷入困境。从全球来看，每年约有 1 亿人因医疗支出陷入贫困，约有 1.5 亿人因医疗费用而遭受灾难性的经济冲击（Swiss Re. Insurance，2017）。阿马蒂亚·森（2001）在其著作《贫困与饥荒》中也曾指出，贫困问题是交换权利的缺失问题，而一个人有权享有的社会保障福利是其交换权利组成部分之一，健全的社会保障体系是减贫的重要政策工具。

医疗保险被认为是管理健康风险、缓解疾病冲击的重要手段之一（Zeckhauser，1970）。医疗保险制度通过风险分担机制为参保人员建立起一道防止因病致贫的安全网，降低了疾病发生时的医疗支出负担，帮助参保人员更快恢复身体健康，保障劳动者参与生产性活动获取劳动收入的能力。与此同时，医疗保险制度还降低了未来支出不确定而导致的预防性行为，比如增加预防性储蓄行为、选择提供较好医疗保障水平的就业岗位而降低劳动力市场流动。已有不少研究表明，我国基本医疗保险制度的建立和完善在减轻居民疾病负担、降低预防性储蓄、促进当期消费等方面发挥了积极作用（Lin et al.，2009；臧文斌等，2012；Zhou et al.，2017；Fu et al.，2018；Fang et al.，2019）。

在研究贫困问题时，既有文献多使用当期收入来度量贫困，但这类指标通常只能反映当期贫困状况，只是在一个特定的时间点静态地度量家庭的福利水平，未能考虑家庭未来福利及其潜在风险（樊丽明和解垩，2014）。换言之，贫困不仅是一种"事后的福利状态"，而且应该是一个动态的概念，贫困线以上的人口也可能陷入贫困（张仲芳，2017），而疾病作为致贫的重要因素，应当预先性地关注人民的健康风险并建立充分、公平的医疗保障制度体系予以分担。在制度设计时，关注未来发生贫困的风险对制定有效的减贫政策更具有指导意义（蒋丽丽，2017）。脆弱性是未来陷入贫困的概率，是对贫困的事前测度，因此贫困脆弱性（vulnerability to poverty）是一个动态的概念，它指个体或家庭在一段时期内陷入贫困的风险（World Bank，2001），能够更贴切反贫困的政策分析与评估，从而将事后风险以制度化的手段加以控制，达到减贫持续推进、脱贫成果有效巩固的政策目标。疾病风险是致贫的重要因素之一，因此，考察减贫效应在医疗保险制度效果评估中十分必要。鉴于贫困的度量需要采取更加动态的标准，分析城乡居民医保整合对家庭贫困脆弱性的影响有助于我们更深入理解制度效果及贫困本身内涵。

在为数不多的研究中，有学者对于我国医疗保险的减贫效应进行了探讨。刘子宁等（2019）探讨了医疗保险参保行为和提高医疗保险保障水平的减贫效果，他们认为其中存在健康异质性，对健康状况差的群体的减贫效果显著，对健康状况好的群体的减贫效果不显著。周坚等（2019）发现，城乡居民医保显著降低了农村老年人口陷入收入贫困和健康贫困的概率，但在主观福利贫困方面并无显著效果。董世菊等（Dong et al.，2022）利用山东省调研数据研究了医疗保险制度不同的成本分担措施如何影响家庭的贫困脆弱性，结果显示，家庭成本分担的减少显著降低了患病家庭的贫困脆弱性。王海平等（2023）检验城乡居民医保整合对农村中老年人的贫困脆弱性的影响发现，医保整合总体上能够缓解贫困脆弱性，但高龄、患病及孤寡老人等群体未能明显受益。然而，该研究主要关注农村中老年人群体，全国性全年龄周期人口的贫困脆弱性缓解效应仍有待进一步讨论。总体来看，以贫困脆弱性标准分析医疗保险减贫效应的研究数量较少，且缺乏利用全国性调查数据的系统考察，医保整合是否起到了缓解贫困脆弱性以实现扎实脱贫的作用仍有待深入研究。

对此，本章利用中国家庭金融调查三期面板数据，动态考察城乡居民医保整合改革对居民贫困脆弱性的影响，并探讨这一制度改革可能产生的异质性效果和潜在的作用机制，在丰富现有文献研究的同时具有重要的现实意义。

5.2　研究方法与数据

5.2.1　研究方法

1. 指标设定

本章研究中的核心变量是城乡居民医保整合处理变量。同第 4 章的设定方式，如果该县市在调查前一年实施了城乡居民医保整合改革，则整合变量取值为 1，否则为 0。考虑到 CHFS 调查一般在年中 7~8 月，且收集受访者及其家庭过去一年的信息，比如家庭年收入、住院医疗总支出、住院报销率等，所以我们采用地区上一年是否整合城乡居民医保作为变量设定的标准。不同调研年份医保整合县市分布见表 5-1。在本章中，2015 年基期年份全部县市尚未进行城乡居民医保整合改革，至 2017 年共有 19.7% 的样本县市完成了医保整合，至 2019 年共有 80.3% 的县市完成了整合改革。

表 5-1   样本县市医保整合时间统计

调查年份	医保整合县市		未整合县市		总样本	
	样本量（个）	百分比（%）	样本量（个）	百分比（%）	样本量（个）	百分比（%）
2015	0	0.0	276	49.5	276	35.6
2017	43	19.7	225	40.3	268	34.5
2019	175	80.3	57	10.2	232	29.9
总计	218	100.0	558	100.0	776	100.0

本章最重要的被解释变量为贫困脆弱性指标。该变量刻画了个体或家庭在未来一段时期内陷入贫困的风险。贫困脆弱性的概念在21世纪初由世界银行正式提出，20多年里不同学者对其采用了不同方式进行测度。国外学者提出了三种测量贫困脆弱性的理论方法。第一种是利贡和谢克特（Ligon & Schechter, 2003）提出的期望效用的脆弱性（vulnerability as low expected utility, VEU）测量方法，将反映个人偏好的效用函数加入贫困脆弱性测度中，若期望效用低于一定的等值效用（贫困线代表的消费水平），则视为该家庭具有贫困脆弱性。第二种是乔杜里等（Chaudhuri et al., 2002）提出的预期贫困脆弱性（vulnerability as expected poverty, VEP）的测量方法，在该方法下，若家庭在未来某一时段内陷入贫困的概率高于某个阈值（设定的脆弱线），则该户家庭就具有贫困脆弱性。第三种是德康和克里希南（Dercon & Krishnan, 2000）提出的风险暴露的脆弱性（vulnerability as uninsured exposure to risk, VER）测量方法，该方法用消费水平对风险刺激下收入变动的敏感程度来反映脆弱性程度，若风险对其家庭收入冲击过大，则会反映到该家庭的消费水平，能够侧面体现家庭应对风险的能力。在国内，部分学者参考国外相关研究探索了创新的测量方法，如蒋丽丽（2017）运用家庭资产来测量未来陷入贫困的概率，刘子宁（2019）采用计量经济学方法估计中老年个人资产预期收入下的贫困脆弱性。参照乔杜里等（Chaudhuri et al., 2002）的研究，本章最终选用学界运用较广泛的预期贫困的脆弱性（VEP）作为贫困脆弱性指标。根据世界银行的划分，我国从2010年开始步入上中等收入经

济体行列，2017 年世界银行对此类经济体的绝对贫困消费标准确定为
5.5 美元/日，结合世界银行公布的 2017 年购买力平价（PPP）转换因
子，折算为人民币 8399 元/年，本章将此金额水平设定为贫困标准线。
鉴于问卷调查类数据的消费信息相比于收入信息的测量误差要小，此处
采用家庭年人均消费额来衡量某个家庭是否具有贫困脆弱性。就脆弱线
而言，采用常见的做法，以 50% 作为阈值（Pritchett et al.，2000）。即，
将贫困脆弱性超过 50% 门槛值的家庭识别为贫困，低于 50% 识别为非
贫困，定义虚拟变量贫困脆弱性（是 = 1）。对贫困脆弱性指标的计算，
参考文献中常用的三阶段可行广义最小二乘法（three-stage feasible gener-
alized least squares，FGLS）进行估计（Chiwaula et al.，2011；樊丽明和
解垩，2014；万广华等，2014）。贫困脆弱性指标可以简单表示为如下
公式：

$$VEP_{it} = \text{Prob}\left[\ln(\text{消费额}_{it}) \leqslant \ln(\text{贫困线}_t)\right]$$

$$= \varphi\left(\frac{\ln \text{消费额}_{it} - \ln(\text{贫困线}_t)}{\text{对数消费额波动的标准差 } \sigma_{it}}\right)$$

2. 模型建立

本章采用异时性 DID（a time-varying DID）方法估计城乡居民医保
整合对居民贫困脆弱性的影响。在双向固定效应（时间和地区固定效
应）的估计框架下，异时性 DID 的一般方程如下：

$$VEP_{ijt} = \alpha + \beta_1 \times Policy_{jt} + z_{ijt}\delta + + \mu_j + \lambda_t + \pi_{ijt} \qquad (5-1)$$

其中：i, j, t 分别代表个体、地区和时间。VEP_{ijt} 为被解释变量，表
示家庭 i 面临贫困脆弱风险的可能性。$Policy_{jt}$ 代表地区是否实施城乡居民
医保整合，本章将整合地区的样本人群设定为处理组，尚未实施整合政
策地区的样本人群为对照组。随着时间推移，不断有对照组中的样本进
入处理组。μ_j 代表地区固定效应，λ_t 代表年份固定效应。z_{ijt} 代表随时间

推移和个体变化的系列控制变量，包括个体特征和家庭特征变量。β_1 为本章重点关注的回归系数，代表城乡居民医保整合改革的净效应。

在异时性 DID 模型估计基础上，本章结合事件研究方法估计城乡居民医保整合对居民贫困脆弱性的动态影响。该方法的一个好处是可实现平行趋势假设检验。此外，本章还针对城乡、不同年龄、不同收入水平、不同健康状况人群进行分样本回归，分析城乡居民医保整合对居民贫困脆弱性影响的人群异质性，并从住院医保报销、医疗负债与否、创业等方面挖掘潜在的作用机制。

5.2.2　数据及样本

本章使用中国家庭金融调查（CHFS）面板数据进行实证分析。一般而言，通过问卷调查的方式收集的家庭收入、消费等经济信息的测量误差较大，CHFS 以收集家庭金融信息为主要目的，其收集的经济数据可信度更高。因此，在中国公开的全国入户调查数据库中，CHFS 在研究家庭贫困及脆弱性方面是最合适的数据库之一。

本章使用 2015 年、2017 年和 2019 年三轮调查数据，以期在更大的样本量下构建平衡面板数据进行研究。此外，自 2016 年国务院发布《关于统筹城乡基本医疗保险制度的意见》以来，城乡居民医保整合改革在全国范围内进入了快速发展时期。对此，本章研究主要评估 2016 年以来医保整合的改革效应。在研究样本中删去了 2014 年及之前（即 2015 年调查前一年或更早时间）已经完成城乡居民医保整合改革并实行城乡居民医保新政的地区。这意味着在 2015 年数据中，全部样本地区都尚未实施城乡居民医保新政。表 5 - 2 汇总了样本基本信息。按照世行标准划分的绝对贫困样本家庭占 19%，以此计算得到的贫困脆弱性样本家庭占总样本的 10.5%，建档立卡户占总样本的 7.5%，户主已婚样本占 82.1%，农业户籍样本占 64.3%，平均受教育年数为 8.8 年，居住在农村的样本占比 41%。家庭规模平均 3.4 人，平均工作人口数 1.8 人，家庭总资产平均 80.1 万元，家庭年总收入平均为 1.9 万元。

表 5-2　　　　　　　　　　　样本基本信息

变量名	定义	样本量	均值	标准差
绝对贫困（是 = 1）	根据世界银行的划分，我国从 2010 年开始步入上中等收入经济体行列，2017 年世界银行对此类经济体的绝对贫困消费标准确定为 5.5 美元/日。结合世界银行公布的 2017 年购买力平价转换因子，折算为人民币 8399 元/年。根据通货膨胀率换算判断是否在绝对贫困消费标准之下	46443	0.190	0.392
贫困脆弱性（是 = 1）		46443	0.105	0.306
户主年龄		46443	51.648	13.271
户主男性	男性为 1，女性为 0	46443	0.702	0.457
户主已婚	已婚为 1，其余为 0	46443	0.821	0.384
户主受教育年数		46443	8.805	3.953
居住农村	居住在农村为 1，否则为 0	46443	0.410	0.492
家庭规模	家庭成员人口数	46443	3.444	1.569
家庭健康人口比重	健康人口占家庭人口数的比重	46443	0.658	0.378
家庭工作人口数量	劳动力市场就业人口数量	46443	1.820	1.157
总资产	家庭总资产（元）	46443	801217	11400000
总收入	家庭总收入（元）	46443	18826	22186
负债	家庭负债金额（元）	46443	40328	190859

5.3　实证结果及分析

5.3.1　基本结果

表 5-3 报告了贫困脆弱性的影响因素的回归结果。列（1）全样本

的回归结果显示，医保整合显著降低了参保者的贫困脆弱性风险。具体而言，医保整合降低了参保者 2.4 个百分点的贫困脆弱性可能性，该结果在 1% 的显著性水平上显著。因为住院人群是医保整合可能的直接受益人群，因此我们还估计了该人群样本，结果呈现在列（2）。结果显示，医保整合在 10% 的显著性水平上降低了住院人群的贫困脆弱性风险，表明医保整合改革在降低贫困脆弱性风险上对于发生较高医疗支出的住院人群仍然发挥了积极作用。

表 5 – 3　　　　　　　　　　　　贫困风险的影响因素

项目	被解释变量：贫困脆弱性（是 = 1）	
	全样本	住院样本
	（1）	（2）
医保整合	− 0. 024 *** (0. 009)	− 0. 010 * (0. 006)
户主年龄	− 0. 005 *** (0. 001)	− 0. 001 * (0. 001)
户主年龄的平方	0. 000 *** (0. 000)	0. 000 *** (0. 000)
户主男性	− 0. 002 (0. 002)	0. 002 (0. 003)
户主已婚	− 0. 027 *** (0. 004)	− 0. 016 *** (0. 005)
户主受教育年数	− 0. 003 *** (0. 001)	− 0. 001 ** (0. 001)
家庭规模	0. 111 *** (0. 007)	0. 048 *** (0. 006)
家庭健康人口比重	− 0. 074 *** (0. 005)	− 0. 016 *** (0. 004)
家庭工作人口数量	0. 017 *** (0. 002)	0. 007 *** (0. 002)
ln（总资产）	− 0. 044 *** (0. 002)	− 0. 017 *** (0. 002)

项目	被解释变量：贫困脆弱性（是 =1）	
	全样本	住院样本
	（1）	（2）
ln（总收入）	- 0. 059 ***	- 0. 024 ***
	（0. 002）	（0. 002）
居住农村	0. 063 ***	0. 007 **
	（0. 005）	（0. 004）
常数项	1. 100 ***	0. 382 ***
	（0. 037）	（0. 029）
观测值	46443	13900
R^2	0. 396	0. 185
县市固定效应	是	是
年份固定效应	是	是

注：***、** 和 * 分别表示在1%、5% 和10% 水平上具有统计学显著性，括号内为标准误差。

其他控制变量的结果显示，户主年龄越大，贫困脆弱性越有下降的趋势。已婚、较高的受教育水平、较好的家庭成员健康状况、较好的家庭经济条件（包括较高的资产水平、较高的收入）与贫困脆弱性风险存在较显著的负相关关系。农村居民面临的贫困脆弱性风险显著高于城市居民。

5.3.2　动态效应

进一步，结合 DID 估计和事件研究方法呈现医保整合对贫困脆弱性影响的动态效应。如图 5 - 1 所示，在城乡居民医保整合改革实施后若干年，若医保整合降低贫困脆弱性的效应仍然存在，则说明医保整合改革效应具有持续性。

此外，我们发现在医保整合政策实施前的第 1 ~ 4 期，整合处理组（在 2014 ~ 2018 年实施整合）和对照组（在 2018 年前尚未实施整合）的贫困脆弱可能性无显著差异，满足 DID 估计的平行趋势假设。

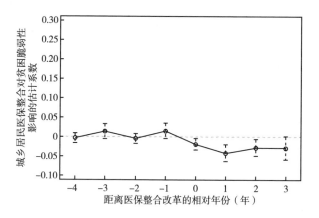

图 5-1　城乡居民医保整合改革对居民贫困脆弱性影响的动态效应

注：竖直的虚线代表95%水平下的置信区间。模型已控制户主性别、年龄、婚姻状况、教育水平、工作状况、居住地、家庭规模、家庭经济状况，以及年份和地区固定效应变量。

5.4　异质性分析和机制检验

5.4.1　异质性检验及分析

表 5-4 报告了城乡医保对居民贫困脆弱性影响的人群异质性，分析按城乡居民、户主年龄、家庭年人均收入水平、家庭成员健康水平进行划分。城乡分样本结果显示，城乡居民医保整合显著降低了农村家庭的贫困脆弱性风险，但对城市家庭的影响不显著。户主年龄分样本结果显示，城乡居民医保整合在降低贫困脆弱性上的作用随着家庭年龄（以户主年龄作为测量指标）的增加作用增强，尤其对 60 周岁以上老年家庭的贫困保护作用最明显。家庭年人均收入分样本结果显示，城乡居民医保整合显著降低了中低收入家庭的贫困脆弱性风险。家庭成员健康状况分样本结果显示，城乡居民医保整合降低贫困脆弱性的作用在家庭健康人口比重低的家庭大于健康人口比重高的家庭。上述结果表明，在降低贫

困脆弱性风险上，农村、60周岁以上老年人、低收入和健康状况较差的家庭更多受益于城乡居民医保整合改革，体现了城乡居民医保整合在降低贫困脆弱性上的"亲弱势人群"的现象，城乡贫富差距得以缩小。基于基本医保二次分配的价值取向，城乡居民医保整合改革的实施有助于促进社会公平，实现共同富裕。

表 5 - 4 　　　　　　　　　　　　　人群异质性分析

变量	回归系数	样本量
城乡分样本		
城镇家庭	− 0. 011 (0. 008)	24270
农村家庭	− 0. 025 ** (0. 010)	22171
户主年龄分样本		
青年（17 ~ 44 周岁）	− 0. 010 (0. 007)	13096
中年（45 ~ 59 周岁）	− 0. 019 * (0. 010)	18166
老年（60 ~ 75 周岁）	− 0. 029 ** (0. 014)	15179
家庭年人均收入分样本		
低收入	− 0. 022 * (0. 013)	15587
中等收入	− 0. 022 *** (0. 008)	15374
高收入	− 0. 007 (0. 005)	15480
家庭成员健康状况分样本		
健康人口比重低	− 0. 022 ** (0. 011)	23618
健康人口比重高	− 0. 011 * (0. 006)	22825

注：根据家中至少有一名家庭成员参加城居保或城职保设定城镇家庭和农村家庭分样本。家庭年人均收入从低到高排序平均分为三段来定义。家庭健康人口比重从低到高排序平均分为两类来定义。 *** 、 ** 和 * 分别表示在1% 、5% 和10% 水平上具有统计学显著性，括号内为标准误差。

5.4.2　机制分析

关于作用机制的识别，主要从医保整合改革的医疗支出降低和收入增收机制两个方面进行挖掘。其中，医疗支出水平通过住院自付率和是否有医疗负债来测量，收入增收机制通过创业与否来衡量。

CHFS 调查问卷中关于家庭创业动机的问题为："您家从事工商业的主要原因是?"本章将选择"从事工商业能挣更多钱""理想爱好/想自己当老板""更灵活，自由自在""社会责任，解决就业问题"等选项定义为机会型创业，将选择"因为找不到工作而创业"定义为生存型创业。关于家庭创业的问题为："目前，您家是否从事工商业生产经营项目，包括个体户、租赁、运输、网店、微商、代购、经营公司企业等?"并进一步询问了该项目的组织形式，本章将选择"个体户/工商户""没有正规组织形式"等选项定义为个体小规模创业，将选择"股份有限公司""有限责任公司""合伙企业""独资企业"等选项定义为企业型创业。

表 5-5 医保整合和新农合参保比例的交叉项系数显示，城乡居民医保整合显著降低了农村参保家庭住院自付率 2.6 个百分点，降低了医疗负债风险 1.2 个百分点，上述影响都在 10% 的水平上显著。表明相比于新农合，城乡居民医保通过提高医保报销水平降低了农村参保居民的自付压力以及医疗负债风险，新农合参保比例越高，医保整合效应越大。

表 5-5　　　　　　　　　医保整合改革的医疗支出降低机制

项目	住院自付率	是否有医疗负债
	(1)	(2)
新农合参保比例	0.027 ***	0.006
	(0.009)	(0.004)
医保整合	0.017	-0.001
	(0.015)	(0.006)

续表

项目	住院自付率	是否有医疗负债
	（1）	（2）
医保整合 × 新农合参保比例	− 0.026 * （0.016）	− 0.012 * （0.007）
控制变量	是	是
县市固定效应	是	是
年份固定效应	是	是
样本量	12942	46443
R^2	0.087	0.067

注：***、** 和 * 分别表示在 1%、5% 和 10% 水平上具有统计学显著性，括号内为标准误差。

表 5 – 6 关于医保整合对创业影响的回归结果显示，城乡居民医保整合显著促进了家庭创业可能性，尤其是个体工商户创业和机会型创业的可能性。可能的解释是：一方面，医保整合后医保统筹层次提高，户籍制度对劳动力流动的枷锁影响降低；另一方面，医保整合后整体待遇水平提高，对城职保的替代效应增强，就业的枷锁效应降低。在这两方面的作用下，家庭更倾向从事高风险高收益的创业活动，体现了医保整合对创业影响的收入增收机制。

表 5 – 6　　　　　　　医保整合改革的收入增收机制

项目	机会型创业	生存型创业	个体工商户创业	企业型创业
	（1）	（2）	（3）	（4）
医保整合	0.0110 ** （0.0047）	0.0051 （0.0035）	0.0175 *** （0.0064）	− 0.0027 （0.0023）
户主特征变量	是	是	是	是
家庭特征变量	是	是	是	是
社区特征变量	是	是	是	是
区县特征变量 × 年份	是	是	是	是
区县固定效应	是	是	是	是

续表

项目	机会型创业	生存型创业	个体工商户创业	企业型创业
	（1）	（2）	（3）	（4）
年份固定效应	是	是	是	是
adj. R^2	0.079	0.026	0.095	0.041
样本量	43050	43050	43050	43050

注：1. 户主特征变量包括性别、年龄、学历、政治面貌、婚姻状态、户籍类型、教育水平。家庭特征变量包括家庭经济水平（用家庭工商业外净资产衡量），家庭人数、小孩比例、60 周岁及以上老人比例、不健康人数比例。社会特征变量包括社区总人口、人均收入，以及社区是否农村地区。为了尽可能缩小整合处理组和对照组之间的差异，我们将基年区县特征变量与年份做交乘项作为控制变量加入模型，其中区县特征变量包括基年区县一产水平（一产增加值/GDP，对数）、基年区县工业水平（二产增加值/GDP，对数）、基年区县财政水平（公共支出/GDP，对数）、基年区县金融水平（贷款余额/GDP，对数）、基年区县人力资本（中学生数量/总人口，对数）、基年区县人口密度（总人口/建成区面积，对数）、基年区县医院设施（医院床位数量/总人口，对数）、基年区县医生密度（执业医师数量/总人口，对数）。

2. *** 、** 和 * 分别表示在 1%、5% 和 10% 水平上具有统计学显著性，括号内为标准误差。

5.5 结论与政策启示

本章探讨了城乡居民医保整合改革对城乡居民贫困脆弱性的影响。研究发现，城乡居民医保整合显著降低了参保家庭的贫困脆弱性，尤其对于农村家庭、60 周岁以上老年家庭、低收入家庭和健康状况较差的家庭而言受益更多，体现了城乡居民医保整合在降低贫困脆弱性上的"亲弱势人群"的现象。这意味着，城乡居民医保整合不仅具备现时性的减贫效应，还能够通过降低贫困脆弱性预先性地防止贫困的新增长并巩固脱贫工作成效，对未来较大概率陷入贫困的边缘困难群体起到了保护作用，有效拓展了减贫工作的覆盖面与可持续性。

我国是灾难性医疗支出发生率较高的国家之一（World Health Organization，2017）。2020 年底，我国脱贫攻坚战取得全面胜利，"两不愁，三保障"中的基本医疗发挥了巨大作用，这得益于近年来包含城乡居民医保整合在内的一系列医保制度改革举措。近年来，我国人口老龄化程度持续加深，我国居民面临的健康贫困的风险规模和结构都发生了显著变化，因病致贫、因病返贫现象仍有发生，这不仅与"2030年健康中国"战略目标背道而驰，更不利于巩固和拓展脱贫攻坚成果。我国医疗保障制度改革的重要目标之一是降低"因病致贫、因病返贫"风险。通过作用机制的研究发现，城乡居民医保整合有利于降低住院自付率和发生医疗负债的风险，同时促进劳动力市场的流动性、增加创业可能性，进而降低家庭未来发生贫困的风险。从本章研究结果来看，城乡居民医保整合具有良好的减贫效应，整合能够打破城乡二元分割的医保制度框架，增强医保基金的共济性，有效满足贫困弱势人群的医疗需求，增强其自身劳动创收能力，从而降低其陷入疾病与贫困的概率。

基于基本医保二次分配的价值取向，城乡居民医保整合改革的实施有助于促进社会公平。从打赢脱贫攻坚战到努力实现共同富裕，我国不断在发展中保障和改善民生，医疗保障是民生基本和实现社会公平的重要政策工具。未来，医疗保障制度改革仍是我国新时期进一步全面深化改革的重要战场，通过进一步提升城乡居民医保制度的保障水平和统筹层次、扩大受益覆盖人群、提高医疗服务利用效率，城乡居民医保整合改革在减贫效应上将发挥更大作用。

第6章 城乡居民医保整合对城乡中老年人群主观福利感受的影响

幸福是人类追求的终极目标，政府部门不断推进深化改革，都是为了更好地满足人们的需求，最终提高人民群众的获得感、幸福感和安全感。城乡居民医保整合改革在提高居民医疗服务利用、降低医疗经济负担和促进健康上已经取得了初步成效，也在一定程度上降低了城乡居民间的不公平问题。两个险种的整合意味着农村居民可以享有与城镇居民同样的医疗服务质量和医疗保障水平，因此被认为是我国为实现可支付和公平性的基本医疗服务目标而迈出的重要一步。医疗保障及其提供的风险防范有益于提升参保者的主观幸福感（subjective well-being，SWB），例如美国俄勒冈州的医疗补助计划（medicaid）的扩展显著地提升了参保者的心理健康水平和幸福感。然而，在中低收入国家中关于医疗保险覆盖和主观幸福感关系的研究相对缺乏。居民在享受到城乡居民医保整合改革带来的成果后，其主观福利感受是否提高，对生活是否更加满意，是评估政策实施效果的重要内容之一，但是目前尚无相关研究证据。

本章利用中国健康与养老追踪调查（CHARLS）2011～2018年的数据，运用异时性双重差分模型（time-varying difference in difference model）估计方法考察城乡居民基本医疗保险整合改革对我国城乡中老年人群主观幸福感的影响，以揭示医疗保险政策变动与参保居民主观福利感受的关系，为评估我国医保整合改革成效提供新的研究证据。

6.1　医疗保险和幸福感关系

6.1.1　提升参保居民幸福感是评价医疗保险政策的重要内容之一

保险的重要目标在于风险均摊（Zeckhauser，1970），而身处风险环境会使人产生担忧情绪以及精神压力，从而造成主观福利感受的下降。由此可推断，健全的医疗保障有助于提升个体的主观福利感受。世界卫生组织（WHO）将健康定义为身体、心理和社会层面上的健康状态，不仅仅是免受疾病的侵扰，心理和社会层面的良好状态同样重要。

医疗保险对低收入人群的福祉提升效果可能更加突出。来自美国俄勒冈州的证据表明，医疗补助计划的随机扩展使参保人的幸福感在一年后提升32%。此种效应可能在发展中国家的低收入人群中更加明显。尽管现在国际上存在丰富的全民医保覆盖（universal health coverage，UHC）的经验，例如日本、韩国、德国和墨西哥等（Kondo & Shigeoka，2013；Kwon，2003；Busse，2001；Gakidou，2006），基本医疗保险对主观幸福感影响的研究证据仍然较少。扩大脆弱人群的医保覆盖范围和水平被广泛认为是实现全民健康覆盖的关键举措，尤其是在中低收入国家中（World Health Assembly，2005；Lagomarsino et al.，2012）。鉴于我国庞大的人口规模以及近几年基本医疗保险保障水平的进一步提升，我国的研究证据对其他发展中国家同样有重要的借鉴意义。

6.1.2　医疗保险对幸福感影响的理论分析

医疗保险与主观幸福感之间的关系长期受到学者和政策制定者的关注（Kim & Koh，2022）。从理论上而言，医疗保险参保可能从以下几个途径提升个体的主观幸福感。第一，医疗保险有助于缓解参保人对于未来医疗支出风险的担忧，由此降低他们的预防性储蓄倾向（Arrow，1963；Atella et al.，2006）。因此，医疗保险通过降低参保人的事前风险来提高其生活满意度。第二，医疗保险提供的医疗服务能够减少患者的自付费用，使其免受沉重的经济负担甚至灾难性医疗费用支出风险，直接增进其满意度（Finkelstein et al.，2012；Baicker et al.，2013；Zhou et al.，2017）。第三，医疗保险能够提升医疗服务资源的可及性，减少因贷款限制或支付能力不足而放弃治疗的情况，这与提高个人幸福感直接相关（Pan et al.，2016；Argys et al.，2020；Borgschulte & Vogler，2020）。此外，医疗保险为参保人群的健康水平提供保障并促进他们的社会人力资本增长，比如更健康的员工可能收入相对较高，更健康的儿童可能有更优秀的学业表现和人力资本积累（Huang et al.，2013），从而改善其生活满意度。医疗保障水平的提升，包括对贫困人群的医疗补贴，意味着巨大的财政投入和支付压力，因此，政策制定者十分关注上述影响路径是否存在。此外，改革也会拉高社会期望（如居民希望城乡居民医保与职工医保的保障水平相当），此类需求的不充分满足也有可能反方向降低民众的主观福利感受。

6.1.3　城乡居民医保整合对居民幸福感的影响有待研究

城乡居民医保整合改革作为我国发展民生保障事业、缩小城乡差距的重要抓手，其对城乡居民的幸福感影响却仍然缺乏相应的实证研究证据。本章研究基于 2011～2018 年中国健康与养老追踪调查（CHARLS）的四轮数据，以居民的生活满意度作为主观幸福感的测量指标，在国家层面探讨城乡居民医保整合对城市和农村居民主观幸福感的影响。考虑到不同地区实施城乡居民医保整合改革的时间存在差异，采用异时性双重差分模型（time-varying difference in difference model，简称异时性 DID 模型）来估计医保整合改革对居民幸福感的净影响，并结合事件研究（event study）方法估计整合改革的动态效应（dynamic effects）。

6.2　研究方法与数据

6.2.1　研究方法

6.2.1.1　指标设定

本章研究的解释变量为医保整合二元变量，根据县市级是否采用医保整合政策，即是否实施整合后的城乡居民医疗保险政策进行变量设定。考虑到 CHARLS 调研团队主要在调研年份的 6～8 月对受访者进行调研，收集的是过去一年内的医疗服务利用、收入等信息。对此，本章对整合变量进行滞后一期处理，并排除在 2011 年及之前实施城乡居民医保新政的地区样本。比如在 2018 年的调研中，如果当地在 2017 年及之前实施了城乡居民医保，则取值为 1，反之，在 2018 年及之后整合取值为 0。

被解释变量为主观幸福感，本章采用生活满意度指标来衡量。受访者被问道，"总的来说，你对自己的生活有多满意"，回答选项是"极其满意""非常满意""一般""不太满意""一点也不满意"。本章研究根据回答分别设定两个被解释变量，第一种方式是将生活满意度的回答作为连续变量进行处理，取值 1～5 分，分值越高，代表对生活越满意。第二种方式是将生活满意度作为二元虚拟变量，如果个人报告"极其满意""非常满意"，则该变量取值为1，其余选项则取值为0。

本章研究从七个方面考察潜在的作用机制，包括医疗服务利用（过去一个月门诊医疗服务利用与否和总支出、过去一年住院医疗服务利用与否和总支出）、财务风险保护水平（地区门诊报销比例、地区住院报销比例）、公立医院或私立医院就医倾向、门诊医院级别、住院医院级别、健康水平（自评健康好与否、抑郁情绪 CES－D 得分）、对健康满意与否和家庭经济收益（家庭年人均支出、除房贷之外的贷款金额、对个人和单位的债务金额）。其中抑郁情绪根据流行病学研究中心抑郁量表（CES－D）的 10 项简表计算得到。参考安德烈森等（Andresen et al. ，1994）的方法，本章将 CES－D 评分 10 分及以上定义为存在抑郁情绪症状。

其他控制变量包括样本的人口统计学特征和社会经济特征变量，具体包括性别、年龄、婚姻状况、受教育水平（包括文盲、小学或私塾或能读写、初中、高中及以上）、工作状况（包括无业、农民、退休、受雇、自雇）、健康状况（是否患慢性病、是否患有残疾）以及家庭经济状况（家庭年人均非医疗支出）。此外还控制了地区和年份固定效应。

6.2.1.2 模型建立

本章研究利用多时点数据，采用异时性双重差分（DID）方法估计城乡居民医保整合对城市和农村居民主观幸福感的影响。在双重固定效应（two-way fixed effects）模型估计框架下，标准 DID 模型的一般化公式如下：

$$y_{ijt} = \alpha_0 + \beta_0 \times Treat_i \times Post_t + \mu_j + \lambda_t + \eta' z_{ijt} + \pi_{ijt} \qquad (6-1)$$

与之对应的异时性 DID 模型的一般化公式为：

$$y_{ijt} = \alpha_1 + \beta_1 Policy_{jt} + \mu_j + \lambda_t + \eta' z_{ijt} + \pi_{ijt} \qquad (6-2)$$

其中：i, j, t 分别代表个体、地区和时间；y_{ijt} 代表系列结果变量，包括重点关注的生活满意度、健康状况（自评健康、心理健康）、医疗服务利用状况，以及对健康的满意度指标；$Policy_{jt}$代表地区是否实施城乡居民医保整合，本章将整合地区的样本人群设定为处理组（treatment group），尚未实施整合政策地区的样本人群为对照组（control group），随着时间推移，不断有对照组中的样本进入处理组；μ_j代表地区固定效应，λ_t代表年份固定效应；z_{ijt}代表随时间和个体变化的系列控制变量，包括个体特征和家庭特征变量；β_1为本章重点关注的回归系数，代表城乡居民医保整合改革的净效应。式（6-1）和式（6-2）最重要的区别是 $Treat_i \times Post_t$ 和 $Policy_{jt}$，反映出异时性 DID 模型用一个随时间和个体变化的处理变量代替标准 DID 模型中的交互项。

在异时性 DID 模型估计基础上，本章还结合事件研究方法估计城乡居民医保整合对居民幸福感的影响在时间维度上的变化，这个效果也称为政策的动态效应。该方法可以利用回归方程，也可以对 DID 模型估计中最重要的平行趋势假设进行检验。一般方程式表示如下：

$$y_{ijt} = \delta_0 + \beta_1 D_{jt}(-6) + \beta_2 D_{jt}(-5) + \cdots + \beta_{10} D_{jt}(+3)$$
$$+ \beta_{11} D_{jt}(+4) + \mu_j + \lambda_t + \eta' z_{ijt} + \pi_{ijt} \qquad (6-3)$$

其中，D_{jt}代表相对于政策实施年的相对时间。$D(-1)$，…，$D(-6)$代表整合政策实施前一年至前六年，$D(+1)$，…，$D(+4)$为整合政策实施后第一年至第四年，$D(0)$代表政策实施当年。本章以政策实施前六年作为参照组（the reference group），如果满足平衡趋势，则 $D(-1) \sim D(-5)$ 的估计系数不显著且接近于 0。

此外，本章针对城乡、男女、不同年龄、不同健康状况人群进行分样本回归，分析城乡居民医保整合对居民主观幸福感影响的人群异质性，并从医疗服务利用、医保报销、就医选择、自评健康、心理健康、家庭经济收益等方面挖掘潜在的作用机制。

6.2.2 数据及样本

6.2.2.1 数据来源及样本选择

本章采用中国健康与养老追踪调查（CHARLS）数据进行实证分析。CHALRS 的问卷设计参考了美国健康与退休调查（HRS）、英国老年追踪调查（ELSA）以及欧洲的健康、老年与退休调查（SHARE）等国际经验。该数据在 2011 年采用多阶段抽样方法，在我国 28 个省（自治区、直辖市）的 150 个县、450 个社区（村）开展问卷调查，之后在 2013 年、2015 年和 2018 年进行追踪调查。至 2018 年，其样本已覆盖总计 1.24 万户家庭中的 1.9 万名受访者。该数据库收集了中国 45 周岁及以上中老年人家庭和个人的微观数据，涵盖了样本人群的基本信息、健康状况、医疗服务利用和医疗保险、收入、消费、资产等信息。

考虑到个体汇报的医疗保险状态可能存在偏误，比如不少城乡居民医保参保者报告的医疗保险参保类型仍然是整合前的新农合或城居保。对此，本章在县市层面设定医保整合变量，相关数据通过查阅地方政府的公开文件和当地医保管理部门的报告等渠道获得。此外，考虑到 2011 年之前实施医保整合的地区存在较大的"自我选择性"，且相应的政策偏地方化，本章将 2011 年及之前已经完成城乡居民医保整合的 7 个省份的样本予以剔除。最终得到覆盖 28 个省级行政单位、125 个县市的 18257 个样本。另外，考虑到城乡居民医保整合改革主要作用于未被城职保覆盖的人群，本章研究的样本人群仅包括无医疗保险、新农合、城居保和城乡居民医保参保人群，剔除了参加城职保和公费医疗的样本。本章重点关注 16 周岁及以上的两个子样本群体：一是农村户口且调查时居住地为农村的居民，二是居住在城市的城镇户口居民。

6.2.2.2 样本描述性统计

表6-1为样本人群的描述性统计结果。生活满意度包括对生活非常不满意、比较不满意、一般、比较满意、非常满意五种情况，分别赋值1~5分。生活满意度变量的均值3.2分，说明大部分受访者对生活满意度的评价处于一般至比较满意的水平。样本人群平均年龄在60周岁左右，整体的受教育水平较低，文盲、小学、初中、高中及以上的人群比例分别为27.9%、44.3%、20.2%和7.6%。家庭年人均非医疗支出为10271元。23.1%的样本人群自评健康状况较好，约一半的样本人群患有至少一种慢性病，患有残疾的人群比例占31.7%。在医疗服务利用方面，19.5%的样本人群在过去一个月至少有一次门诊就诊经历，月门诊医疗费用平均为164元，过去一年住院率为13.1%，年住院医疗费用平均为1121元。

表6-1 样本描述性统计

变量	样本量	均值	标准差	最小值	最大值
生活满意度	53369	3.212	0.786	1	5
男性	59188	0.464	0.499	0	1
年龄	59188	59.988	9.979	40	89
已婚	59188	0.866	0.341	0	1
受教育水平					
文盲	59188	0.279	0.449	0	1
小学（包括私塾、能读写）	59188	0.443	0.497	0	1
初中	59188	0.202	0.402	0	1
高中及以上	59188	0.076	0.264	0	1
工作状况					
无业	59188	0.273	0.445	0	1
农民	59188	0.431	0.495	0	1
退休	59188	0.050	0.217	0	1

续表

变量	样本量	均值	标准差	最小值	最大值
受雇	59188	0.185	0.388	0	1
自雇（包括为家庭经营帮工）	59188	0.062	0.241	0	1
患有慢性病	59188	0.511	0.500	0	1
患有残疾	59188	0.317	0.465	0	1
养老保险	59188	0.689	0.463	0	1
家庭年人均非医疗支出	59188	10271	24118	0	1614713
抑郁情绪得分（CES – D 得分）	59188	7.828	6.486	0	30
自评健康状况好	57559	0.231	0.422	0	1
对健康表示满意	29970	0.262	0.440	0	1
过去一个月门诊就诊	59041	0.195	0.397	0	1
过去一个月门诊医疗总支出	58748	164	3790	0	800000
过去一年住院	59150	0.131	0.338	0	1
过去一年住院医疗总支出	58766	1121	7095	0	500000

6.3 实证结果及分析

6.3.1 对生活满意度的影响

表 6 - 2 为城乡居民医保整合对居民生活满意度影响的异时性双重差分（DID）模型估计结果。在列（1）和列（2）回归中被解释变量为生活满意度的连续变量，列（3）和列（4）回归中生活满意度二元变量（非常满意或比较满意 = 1，一般、比较不满意、非常不满意 = 0）作为被解释变量进行回归。为了分析城乡居民医保整合对城市和农村居民生活满意度影响的异质性，本章分别就农村和城市样本进行回归分析。

表 6 - 2　　　　　　　　城乡居民医保整合对居民生活满意度的影响

变量	生活满意度为连续变量		生活满意度为二元变量	
	农村	城市	农村	城市
	（1）	（2）	（3）	（4）
医保整合效应（$Policy_{jt}$）	0.063 ***	0.007	0.044 ***	0.010
	（0.016）	（0.022）	（0.009）	（0.014）
男性	0.039 ***	0.032 **	- 0.003	0.009
	（0.011）	（0.015）	（0.006）	（0.009）
年龄	0.010 ***	0.008 ***	0.004 ***	0.004 ***
	（0.001）	（0.001）	（0.000）	（0.001）
已婚	0.104 ***	0.109 ***	0.024 ***	0.036 ***
	（0.018）	（0.025）	（0.009）	（0.014）
受教育水平（文盲为对照组）				
小学（包括私塾、能读写）	- 0.029 **	- 0.025	- 0.045 ***	- 0.053 ***
	（0.013）	（0.021）	（0.007）	（0.012）
初中	- 0.039 **	- 0.045 *	- 0.077 ***	- 0.081 ***
	（0.017）	（0.025）	（0.010）	（0.015）
高中及以上	- 0.069 ***	- 0.087 ***	- 0.096 ***	- 0.109 ***
	（0.023）	（0.029）	（0.014）	（0.017）
工作状况（无业为对照组）				
农民	0.054 ***	- 0.017	0.017 **	- 0.012
	（0.013）	（0.020）	（0.007）	（0.012）
退休	0.095 ***	0.032	0.018	- 0.014
	（0.030）	（0.024）	（0.019）	（0.015）
受雇	0.085 ***	- 0.013	0.033 ***	- 0.016
	（0.016）	（0.021）	（0.009）	（0.013）
自雇（包括为家庭经营帮工）	0.096 ***	0.051 **	0.027 **	0.010
	（0.022）	（0.024）	（0.013）	（0.015）
患有慢性病	- 0.102 ***	- 0.059 ***	- 0.048 ***	- 0.027 ***
	（0.010）	（0.015）	（0.006）	（0.009）

变量	生活满意度为连续变量		生活满意度为二元变量	
	农村	城市	农村	城市
	(1)	(2)	(3)	(4)
患有残疾	-0.097 *** (0.011)	-0.134 *** (0.017)	-0.027 *** (0.006)	-0.051 *** (0.010)
养老保险	0.027 ** (0.011)	0.029 ** (0.014)	0.007 (0.006)	0.012 (0.009)
家庭年人均非医疗支出（较低支出组为对照组）				
中等支出组	0.044 *** (0.011)	0.061 *** (0.015)	0.019 *** (0.006)	0.021 ** (0.009)
较高支出组	0.095 *** (0.012)	0.134 *** (0.018)	0.051 *** (0.007)	0.073 *** (0.011)
常数项	2.493 *** (0.052)	2.657 *** (0.075)	0.064 ** (0.028)	0.108 ** (0.042)
样本量	35819	15646	35819	15646

注：括号内为个人层面聚类估计下的标准误差，*** 、** 和 * 分别表示在1%、5%和10%水平上具有统计学显著性。在所有回归中都控制了年份和地区固定效应。

表6-2结果显示，城乡居民医保整合对农村居民生活满意度的改善作用在1%的水平上显著。以列（3）结果为例，医保整合后农村居民对生活满意的可能性显著提高4.4个百分点。被解释变量无论是采用生活满意度的连续变量，还是二元变量，城乡居民医保整合对城市居民的生活满意度均无显著影响。

此外，表6-2结果中已婚人群的生活满意度显著较高。家庭经济水平越好，生活满意度也越高。婚姻和较好的经济状况可以提高城乡居民的生活满意度。健康状况与生活满意度之间也存在紧密联系，患有慢性病和患有残疾的人群的生活满意度显著较低。与预期不同的是，相比文盲，受过教育的人群的生活满意度显著较低。

6.3.2　医保整合政策影响的动态效应（事件研究法）

本章结合事件研究法和双重差分（DID）模型，进一步探讨城乡居民医保整合对居民生活满意度的动态效应。DID模型结合事件研究法主要出于两个目的，一是可以清楚地捕捉到政策效应在时间维度上的变化，二是利用回归方法对DID估计最重要的平行趋势假设进行检验。图6-1横坐标表示政策实施时期与处理组二元变量的交互项。比如"0"代表城乡居民医保整合实施当年的二元变量与处理组二元变量的交互项。纵坐标代表生活满意度二元变量的DID回归系数。图6-1展示了医保整合政策实施前6年至后5年的动态效应（即医保整合对生活满意度影响的变化过程）。结果显示，城乡居民医保整合对农村和城市居民生活满意度的影响在实施整合政策前6期几乎为0；也就是说，受城乡居民医保整合政策影响的居民（整合地区的居民）在政策整合前和未受整合政策影响的居民（尚未整合地区的居民）的生活满意度没有显著差别，表明DID估计的平行趋势假设成立。与此同时，随着城乡居民医保整合政策的实施，农村居民的生活满意度水平逐渐提升，且在5年内仍然存在，说明城乡居民医保整合对农村居民主观幸福感提升的影响持久且有扩大的趋势。研究结果显示，城乡居民医保整合对城市居民生活满意度的影响不显著。

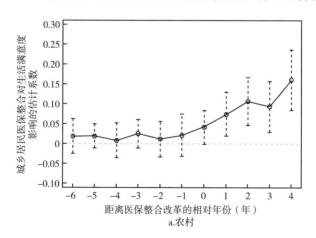

a.农村

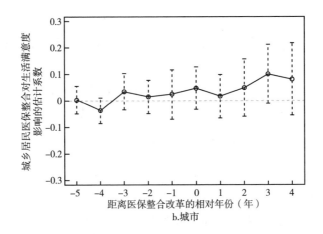

图 6-1　城乡居民医保整合对生活满意度的动态效应

注：竖直的虚线代表 95% 水平下的置信区间。模型已控制性别、年龄、婚姻状况、教育水平、工作状况、慢性病、身体残疾、养老保险、家庭经济状况，以及年份和地区固定效应变量。

6.3.3　分位数回归分析

本章使用生活满意度的连续变量作为被解释变量，通过分位数回归进一步估计城乡居民医保整合对农村居民生活满意度的影响对于不同分位数下的样本是否相同。图 6-2 显示，不同生活满意度分布下的个体都受到城乡居民医保整合政策的积极影响。相对而言，分位数较高的样本受到医保整合政策改革影响更大一些。

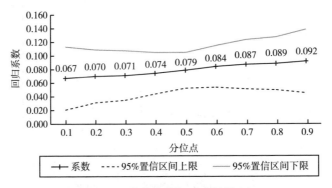

图 6-2　分位数回归（农村样本）

6.3.4　稳健性检验

6.3.2 节探讨了城乡居民医保整合对生活满意度的动态影响，通过 DID 模型结合事件研究方法验证了平行趋势假设。表 6 – 3 采用另外两种方法对平行趋势假设做进一步检验。第一，如果处理组在受政策影响之前与对照组的生活满意度无显著差异，则表明无法拒绝平行趋势假设。对此，本章就处理组二元变量与年份的交互项（$Treat \times Year$）以及其他控制变量进行回归，结果显示交互项（$Treat \times 2013$、$Treat \times 2015$）都不显著，说明无法拒绝平行趋势假设。

第二，使用安慰剂试验（placebo test）方法进行 DID 模型估计。假定处理组的医保整合改革时间提前两年进行安慰剂检验，考察虚假政策设定下的估计系数是否显著。比如某地在 2015 年实施城乡居民医保整合制度改革，在安慰剂试验中将其设定为 2013 年就已实施城乡居民医保新政（实际上 2013 年处理组尚未受到政策影响）。如果满足平行趋势假设，那么虚假政策设定下的变量（$Policy_{jt}\_false$）应该不显著。表 6 – 3 安慰剂检验结果显示，在 10% 的显著性水平下交互项不显著，证实平行趋势假设成立，说明本章中的对照组和处理组在控制其他因素后具有一样的发展趋势，DID 模型的"政策效应"估计结果是可靠的。

表 6 – 3　　　　　　　　　　稳健性检验

变量	农村	城市
	（1）	（2）
A. 平行趋势检验		
处理组二元变量 ×2013 年（$Treat \times 2013$）	0.009 (0.013)	0.025 (0.020)
处理组二元变量 ×2015 年（$Treat \times 2015$）	－0.015 (0.013)	0.000 (0.021)
样本量	29213	12231

变量	农村	城市
	(1)	(2)
B. 安慰剂检验		
虚假设定下的政策二元变量（$Policy_{jt}\_false$）	0.007 (0.010)	0.005 (0.015)
样本量	35122	14907

注：括号内为个人层面聚类估计下的标准误差。其他控制变量同表 6 - 2。

6.4 异质性分析和机制检验

6.4.1 人群异质性分析

接下来分析城乡居民医保整合对生活满意度影响的人群异质性。表 6 - 4 汇报了分别从性别、年龄、健康状况、家庭经济水平四个方面进行的异质性检验结果。结果显示，整合政策对男性和女性生活满意度的提高均有显著作用。老年人（60 ~ 89 周岁）、较低家庭经济水平人群和无慢性病人群从整合政策中受益更多。没有证据表明医保整合政策对慢性病患者的生活满意度有显著影响，说明整合对慢性病患者的保护作用可能有限。慢性病患者对门诊医疗服务的需求较高，而大多数地区的城乡居民基本医疗保险主要覆盖住院医疗服务，门诊医疗服务的支付标准较低（绝大部分地区低于 1000 元，以 300 元为主）。需要门诊慢性病护理（如高血压、糖尿病药物）的患者仍面临较大的自付费用负担。因此，城乡居民医保政策需要不断完善慢性病门诊保障制度，减轻个人慢性病医药费用负担，推进疾病治疗向健康管理转变。

对于城市居民而言，城乡居民医保整合对不同特征人群的生活满意度均无显著影响。表明由于城乡居民医保与城居保的保障水平差别不大，因此医保整合改革未对城市居民的主观福利感受产生明显影响。

表 6 - 4　　　　　　　　　　　　　分样本回归结果

变量	农村	样本量	城市	样本量
A. 分性别				
男性	0. 048 *** (0. 013)	16950	- 0. 008 (0. 021)	6809
女性	0. 042 *** (0. 013)	18869	0. 025 (0. 018)	8837
B. 分年龄				
40 ~ 59 周岁	0. 022 * (0. 013)	18147	0. 017 (0. 018)	8418
60 ~ 89 周岁	0. 061 *** (0. 013)	17672	0. 008 (0. 021)	7228
C. 分健康状况				
患有慢性病	0. 018 (0. 012)	17900	0. 004 (0. 019)	8025
无慢性病	0. 083 *** (0. 017)	17919	0. 025 (0. 022)	7620
D. 分家庭经济水平				
较低收入组	0. 097 *** (0. 019)	11223	0. 043 (0. 028)	5016
中等收入组	0. 068 *** (0. 017)	12182	0. 001 (0. 025)	5298
较高收入组	- 0. 006 (0. 016)	12414	- 0. 009 (0. 024)	5332

注: 括号内为个人层面聚类估计下的标准误差, *** 、 ** 和 * 分别表示在 1% 、5% 和 10% 水平上具有统计学显著性。其他控制变量同表 6 - 2。

6.4.2　作用机制检验

上文研究结果表明, 我国城乡居民医保整合改革对农村居民生活满意度的提升具有显著影响, 且随着政策实施, 积极影响持续存在并有扩大趋势。在此基础上, 下面从门诊和住院医疗服务利用、医保报销率、就医选择(医院性质和医院级别选择)、健康水平(包括自评健康和心理健康）、对健康的满意度以及家庭经济收益（消费和负债）六个方面探讨医保整合改革对居民生活满意度影响的作用机制（见表6-5）。

表6-5 潜在的作用机制

被解释变量	农村	样本量	城市	样本量
A. 过去一个月门诊医疗服务利用				
门诊就医（是=1）	0.002 (0.008)	39348	0.005 (0.011)	17351
门诊医疗总支出	0.261 ** (0.129)	39348	0.342 * (0.176)	17351
B. 过去一年住院医疗服务利用				
住院（是=1）	0.007 (0.007)	39383	-0.010 (0.010)	17417
住院医疗总支出	-0.177 * (0.102)	39383	-0.028 (0.116)	17417
C. 地区报销率（县市）				
门诊报销比例	0.003 (0.019)	385	0.055 * (0.033)	355
住院报销比例	0.078 *** (0.018)	385	0.065 *** (0.022)	350
D. 公立医院/私立医院就医倾向				
门诊选择公立医院就医	-0.034 (0.023)	6401	-0.003 (0.030)	3180
住院选择公立医院就医	0.037 ** (0.018)	3817	0.010 (0.022)	2015
E. 门诊医院级别		2262		1440
县/市/区级	0.043 (0.028)		0.063 (0.040)	
地/市	-0.027 (0.018)		-0.038 (0.024)	
省/部属	-0.011 (0.007)		-0.015 (0.010)	
军队	-0.003 (0.002)		-0.003 (0.002)	

续表

被解释变量	农村	样本量	城市	样本量
F. 住院医院级别		2822		1654
县/市/区级	0.069 *** (0.026)		− 0.039 (0.036)	
地/市	− 0.041 ** (0.016)		0.024 (0.022)	
省/部属	− 0.020 ** (0.008)		0.011 (0.010)	
军队	− 0.007 ** (0.003)		0.003 (0.003)	
G. 健康水平				
自评健康好（滞后一期）	0.010 (0.008)	38669	0.009 (0.012)	16896
自评健康好（滞后两期）	0.021 ** (0.009)	39435	− 0.006 (0.013)	17475
抑郁情绪 CES－D 得分	− 0.412 *** (0.112)	39654	0.162 (0.154)	17473
抑郁情绪 CES－D 得分≥10（是 =1）	− 0.031 *** (0.009)	39654	− 0.001 (0.012)	17473
H. 对健康满意				
满意（是 =1）	0.029 *** (0.011)	20077	0.015 (0.016)	8856
I. 家庭经济收益				
log(年人均支出)	0.028 (0.024)	35974	− 0.041 (0.055)	18100
log(除房贷之外的贷款)	0.054 (0.048)	38232	0.020 (0.072)	17156
log(对个人和单位的债务)	− 0.089 (0.071)	38631	0.091 (0.100)	17339

注：括号内为个人层面聚类估计下的标准误差，***、** 和 * 分别表示在1%、5%和10%水平上具有统计学显著性。其他控制变量同表 6－2。

表6-5显示，城乡居民医保整合后，农村居民的门诊就诊可能性没有显著变化，但是门诊医疗总支出显著增加，说明医保整合后农村居民的门诊医疗需求得到了更好的满足。在保障水平方面，医保整合后农村居民的住院医疗服务报销率显著提升。因此，城乡居民医保整合显著提高了农村居民的门诊服务利用率，并通过提高报销率减轻了该群体的医疗经济负担。因此，上述方面的改善可以为农村居民带来直接收益。

在就医选择方面，农村居民在城乡居民医保整合后更可能选择在公立医院就诊。他们也更有可能选择县/区级医院接受住院治疗，而选择地区/城市、省/部属医院和军队医院住院的可能性显著降低。上述结果表明，城乡居民医保制度对农村居民在当地医院接受住院治疗更有吸引力，同时可能因为在整合后医保的适用性提高，使其更可能在公立医院就医，从而享受医保报销福利。此外，上述结果也说明整合并没有导致农村居民选择高级别医院的可能性增加，也就是说，并未带来更高级别医院的拥挤问题而影响城市居民的满意度。

在健康方面，尽管存在滞后，城乡居民医保整合还是显著改善了农村居民的自评健康，同时显著降低了农村居民的抑郁情绪，农村居民对自身健康的满意度显著提升。上述结果表明，城乡居民医保整合后农村居民的自评健康和心理健康都得到了显著改善，这些积极影响都直接作用于农村居民的主观幸福感的提升。

综上所述，医保整合显著增加了农村居民的门诊服务利用率，加强了对其的财务风险保护，改善了自评健康和心理健康状况，以及提高了对健康的满意度。此外，医保整合增加了农村居民在本地就医的可能性，同时更可能选择公立医院就医以享受医保报销福利。医保整合带来的上述改善有助于提高农村居民的主观幸福感。对于城市居民而言，城乡居民医保整合对上述六方面的影响有限，部分解释了医保整合对其主观幸福感影响不显著的原因。根据 CHARLS 数据，城市居民整体的生活满意度高于农村居民。因此，城乡居民医保整合改革提高了农村居民生活满意度，从而在一定程度上有助于缩小城乡居民的幸福感差距。

6.5 结论与政策启示

扩大医疗保障范围被公认为是实现全民健康覆盖目标的重要环节（Lagomarsino et al.，2012）。一方面，医疗保障水平的提升能够提高参保者的医疗服务可及性、降低预期医疗费用支出，从而提高个人的主观幸福感。另一方面，医保改革也有可能满足不了居民的部分预期而降低其主观幸福感。换言之，医疗保障制度的完善能否有效提升受访者的主观幸福感，这完全是一个经验研究的问题。

本章考察了中国城乡居民医保整合改革对城乡居民生活满意度的影响。整合改革影响人数超 10 亿，在政策层面显著提升了农村居民的医疗保障覆盖范围和水平。研究发现，医保整合显著提高了农村居民的生活满意度，使他们对生活感到满意的可能性提高了 4.6 个百分点。随着参保居民对城乡居民医保整合政策的了解程度和利用率的提升，医保整合对幸福感提升的作用有逐渐变大的趋势。该研究结论与芬克尔斯坦等（Finkelstein et al.，2012）关于美国俄勒冈州医疗补助计划的研究结论一致。

我们还发现，医保整合对农村低收入居民生活满意度的提升效果最为明显，相较于家庭经济水平较高人群，较低和中等经济水平人群的生活满意度分别上升了 9.7 个和 6.8 个百分点，且在 1% 的水平上显著，表明医保整合对低收入人群的积极作用更为显著。该结论与已有文献结论是一致的，部分学者发现医保整合能够缓解门诊受益中的"亲富人"不平等，显著改善低收入农村居民的财务风险保障水平（Ren et al.，2022；Zhou et al.，2022）。

虽然城乡居民医保整合对慢性病人群的医疗保障水平提升具有一定的积极影响，但作用仍然有限。本章研究结果表明，在医保整合后，尽管门诊服务包更优质、保障水平更高，并促进了参保人群的门诊服务利用，但是慢性病患者的主观福利感受并未显著提升。随着人口老龄化进程不断加快，居民生活方式、生态环境等对疾病谱的影响逐步显现，慢性病发病、患病和死亡人数将不断增多。因此，在政策设计时，应当根据慢性病患者的特点以及医疗服务需求来制定类似的医疗保障政策，以确保他们也能平等享有医疗保障服务。鉴于大部分慢性病以门诊治疗为主，加强居民慢性病门诊保障力度成为当务之急。

我们未发现医保整合对城市居民主观幸福感的显著影响，这可能是由于城乡居民医保的政策安排与整合前的城居保政策未有大的改变。我们也未观察到医保整合后，农村居民医疗服务利用率的提高对城市居民带来的主观福利感受上的负面影响。此外，城市中也存在低收入老年人、慢性病患者等弱势人群，如何让城市中的这些弱势人群也同样受益于城乡居民医保整合改革，需要引起政府部门的关注。

关于作用机制的识别，本章研究发现医保整合显著缓解了农村居民的抑郁症状并改善了他们的自评健康状态。精神健康问题在全球范围变得越来越突出（Phillips, et al. , 2009；Yang et al. , 2013；Chen et al. , 2014）。在我国，除老年期痴呆外，6 类精神障碍的终生加权患病率为 16.6%，也就是说，在我国近 14 亿人口中，有 2.3 亿人在他们的一生中会得这六类精神障碍疾病中的一种或几种（Huang et al. , 2019）。然而，精神疾病的治疗率却非常低，只有很少一部分人获得了足够的治疗。比如在抑郁障碍患者中，仅有 9.5% 进行过治疗，仅有 0.5% 得到了充分治疗（Lu et al. , 2021）。精神疾病是导致自杀非常重要的因素，大约一半的自杀人群患有至少一种精神疾病（Zhang et al. , 2010）。因此，任何能够帮助改善人们精神健康的干预行为都具有重要价值。

此外，城乡居民医保整合显著促进了医疗服务尤其是门诊服务的利用，参保人群的门诊医疗总支出明显增加。对于农村居民而言，医保整合后他们的健康满意度提升，如走路锻炼、参加社区活动等有益的健康行为增加，抑郁症状得到缓解，他们也更倾向在本地公立医疗机构接受住院服务。这些都表明医保整合后农村居民的健康福利在多方面得到了改善，且未对城市居民的就医产生负面的溢出效应。

综上所述，城乡居民医保整合对农村居民主观福利感受的提高具有显著作用，尤其对农村老年人和较低经济水平人群的作用更加明显，这与医保整合后农村居民的医疗保障水平提高和医疗需求得到更好满足有直接关系。后续政策完善中应该更多关注慢性病患者，设计更加有利于满足慢性病患者就医和用药需求的政策。此外，虽然城市居民的主观幸福感在医保整合前后没有明显变化，城市中也同样存在低收入、老年人、慢病患者等弱势群体，后续政策改进中这些人群也应获得更多关注，充分发挥基本医疗保险的收入二次分配作用，促进医疗资源在不同人群间的公平流动。我国拥有世界上数量最庞大的医疗保险参保人群，城乡居民医疗保险整合改革也影响着我国超2/3的人口，本章针对医保整合对居民主观幸福感的影响开展研究，不仅为评估我国医保改革政策对人民福祉的提升实效提供量化依据，其中的样本案例还对其他追求建成全民医保覆盖的国家具有重要的借鉴意义。

第7章 城乡居民医保整合对农村居民心理健康的影响

在评估城乡居民医保整合改革成效的研究中，大多数学者主要聚焦于对医疗服务利用行为、躯体健康和相关的公平性问题，对心理健康的影响研究证据相对较少。在第4章的研究中，初步发现农村居民的自评健康在城乡居民医保整合后明显提高，这可能是由于医疗保障增加了居民心理上的安全感，从而间接提高居民的健康水平（Finkelstein et al., 2012）。进一步地，本章将围绕医保整合对农村居民心理健康的影响进行深入分析。

7.1 研究方法与数据

7.1.1 研究方法

1. 评价指标选择

本章研究的核心因变量为抑郁症状，由流行病学调查的抑郁情绪得分（CES-D）量表的十个题目评估所得，是临床前期测量抑郁症状的一种重要方法（Radloff, 1977；Vilagut et al., 2016）。本章使用两种方法定义抑郁情绪。第一种是将其定义为取值在 0~30 的 CES-D 得分连续变量，分数越高意味着抑郁症状越严重。第二种是将其定义为是否患有抑郁症状的二元虚拟变量，即 CES-D 得分等于或大于 10 取值为 1，小于 10 为 0（Andresen et al.，1994；Sun et al.，2021）。

本章研究的自变量为城乡居民医保整合二元变量，按照市县级行政单元是否实施城乡居民医保整合政策来设定变量。同第 6 章所述，根据各地相关政策信息，确定各地区医保整合政策的实施年份，并利用CHARLS 的县市编号进行数据匹配。若某地区在调查年份前一年实施了医保整合政策，本章认为当地居民受到了整合政策的影响，当地样本自动进入处理组，否则为对照组。CHALRS 收集的信息不少是基于过去一年的信息，比如医疗服务利用、家庭收入，对此，本章根据调查年份前一年是否实施城乡居民医保整合来设定自变量。

本章研究的控制变量包含受访者的人口统计学特征、健康状态、家庭经济状况，以及省级和年份固定效应变量。人口统计学特征变量包括年龄、性别、婚姻状况（已婚或单身）、教育水平（文盲、小学、初中、高中及以上学历）和工作状态（无业、农民、退休、在业或自雇）。健康状态通过自评童年期健康状况、是否患有慢性病、是否残疾三个指标进行衡量。受访者的经济状况通过其是否参加养老保险、家庭经济水平确定，其中家庭经济水平根据家庭年人均支出从低到高划分为较低、中等和最高收入组。对于潜在的作用机制，本章将门诊和住院服务的报销水平、健康满意度、社会互动（比如串门）、身体锻炼作为中介变量进行检验，进一步探究医保整合对参保者心理健康产生影响的作用机制。

2. 估计方法

本章研究运用异时性双重差分（DID）模型识别城乡居民医保整合对心理健康的影响，结合事件研究法和 DID 估计方法识别医保整合的动态影响。研究方法与第 6 章的研究方法类似，在此不再赘述。此外，本章对医保整合政策对心理健康的影响进行了异质性分析，从性别、年龄、健康状态和家庭经济状况的角度探讨，并进一步探究了医保整合对心理健康提升效应的作用机制。

7.1.2 数据及样本

1. 数据来源及样本选择

本章研究的数据来自中国健康与养老追踪调查（CHARLS）2011～2018 年四轮数据。研究对象为新农合或从新农合转到城乡居民医保的农村居民（$n = 41657$）[①]。2011 年天津、成都和重庆已经实施城乡居民医保，对此，剔除了上述三个城市的样本（$n = 2144$）。删除缺失值和异常值（$n = 3548$）后，最终得到 35965 个样本进入本章研究。

2. 样本描述性统计

如表 7 – 1 所示，样本人群的 CES – D 得分平均值为 8.283，约有 36.4% 的样本存在抑郁症状。总体上，处理组的 CES – D 得分和抑郁症状发生率都低于对照组。

表 7 – 1   样本描述性统计

变量	全样本		处理组		对照组	
	平均值	标准差	平均值	标准差	平均值	标准差
抑郁情绪得分（CES – D 得分）	8.283	6.569	7.389	6.200	8.549	6.652
抑郁症状	0.364	0.481	0.304	0.460	0.382	0.486
男性	0.468	0.499	0.469	0.499	0.467	0.499
年龄	60.243	9.885	60.745	10.185	60.094	9.790
已婚	0.867	0.339	0.864	0.343	0.868	0.338
教育水平						
文盲	0.313	0.464	0.316	0.465	0.313	0.464
小学	0.445	0.497	0.460	0.498	0.441	0.496
初中	0.182	0.386	0.170	0.376	0.186	0.389
高中及以上	0.059	0.236	0.053	0.225	0.061	0.239

[①] 城市居民的医疗保障水平在城乡居民医保整合改革前后变化较小，故受城乡居民医保整合改革的影响有限。因此，本章研究仅关注城乡居民医保整合改革对农村居民心理健康的影响。

续表

变量	全样本		处理组		对照组	
	平均值	标准差	平均值	标准差	平均值	标准差
工作状态						
失业	0.237	0.425	0.241	0.428	0.236	0.425
农民	0.532	0.499	0.488	0.500	0.545	0.498
退休	0.022	0.148	0.030	0.169	0.020	0.140
在业	0.166	0.372	0.192	0.394	0.158	0.365
自雇	0.043	0.203	0.049	0.217	0.041	0.199
患有慢性病（是＝1）	0.506	0.500	0.495	0.500	0.510	0.500
身体残疾（是＝1）	0.332	0.471	0.312	0.463	0.338	0.473
领取养老保险金（是＝1）	0.718	0.450	0.698	0.459	0.724	0.447
家庭年人均支出（元）	9467	19401	9633	26196	9417	16856
样本量	35965		8253		27712	

注：连续变量统计的是平均值，离散变量统计的是百分比。处理（对照）组为已实施（未实施）医保整合政策的辖区样本。

图 7 - 1 展示了农村样本人群 CES - D 得分的分布情况。图形向左倾斜，长尾向右延伸，意味着大多数的受访者不存在严重的心理健康问题，但是存在抑郁情绪的样本人群比例较高。

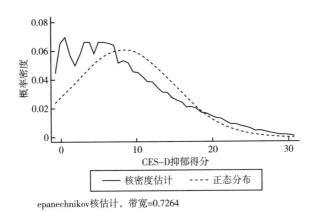

epanechnikov核估计，带宽=0.7264

图 7 - 1 农村样本人群 CES - D 得分分布

7.2 实证结果及分析

7.2.1 影响农村居民心理健康的因素分析

表7-2报告了城乡居民医保整合对农村居民心理健康的影响。列（1）是以 CES - D 得分为被解释变量的回归结果，列（2）是以 CES - D 得分是否等于或高于10分划分的抑郁情绪二元变量为被解释变量的 logit 回归结果。结果显示，城乡居民医保整合后农村居民的 CES - D 得分降低了0.424，发生抑郁情绪的可能性降低3.5个百分点。不同指标形式下的结果均在1%的统计水平上显著。上述结果说明，医保整合改革显著改善了农村居民的心理健康水平，降低了其抑郁患病风险。

表7-2　　城乡居民医保整合对心理健康影响的 DID 回归结果

项目	CES - D 得分	抑郁情绪症状（是 = 1）
	（1）	（2）
医保整合效应	- 0. 424 ***	- 0. 035 ***
	（0. 119）	（0. 009）
男性	- 1. 668 ***	- 0. 115 ***
	（0. 098）	（0. 007）
年龄	- 0. 033 ***	- 0. 002 ***
	（0. 006）	（0. 000）
已婚	- 0. 996 ***	- 0. 056 ***
	（0. 156）	（0. 010）
教育水平（文盲为对照组）		
小学（包括私塾、能读写）	- 0. 206 *	- 0. 011
	（0. 111）	（0. 008）
初中	- 0. 792 ***	- 0. 050 ***
	（0. 128）	（0. 009）
高中及以上	- 1. 309 ***	- 0. 081 ***
	（0. 176）	（0. 013）

续表

项目	CES – D 得分	抑郁情绪症状（是 =1）
	（1）	（2）
工作状态（无业为对照组）		
农民	– 0. 139 （0. 111）	– 0. 011 （0. 008）
退休	– 0. 671 *** （0. 250）	– 0. 055 *** （0. 019）
在业	– 1. 182 *** （0. 138）	– 0. 072 *** （0. 010）
自雇（包括为家庭经营帮工）	– 0. 520 *** （0. 193）	– 0. 021 （0. 014）
童年期自评健康（较差为对照组）		
一般	– 0. 944 *** （0. 148）	– 0. 068 *** （0. 010）
较好	– 1. 555 *** （0. 155）	– 0. 106 *** （0. 010）
患有慢性病（是 =1）	1. 361 *** （0. 083）	0. 089 *** （0. 006）
患有残疾（是 =1）	1. 159 *** （0. 100）	0. 074 *** （0. 007）
养老保险（是 =1）	– 0. 190 ** （0. 085）	– 0. 014 ** （0. 006）
家庭经济水平（较低收入组为对照组）		
中等收入组	– 0. 054 （0. 087）	– 0. 007 （0. 006）
较高收入组	– 0. 193 ** （0. 098）	– 0. 017 ** （0. 007）
常数项	12. 734 *** （0. 448）	0. 642 *** （0. 030）
样本量	35965	35965
调整后的 R^2	0. 120	0. 098

注：模型对年份和地区固定效应进行控制。括号内为在个人层面的聚类标准误；＊、＊＊ 和 ＊＊＊ 分别表示在10%、5%和1%水平上的统计显著性。

从其他控制变量结果来看，农村女性的抑郁情绪显著高于男性。未婚、教育水平较低、经济水平较低、未参加养老保险人群的心理健康状况显著较差。在就业方面，与无业人群相比，受雇、自雇、退休人群的心理健康状况显著较好，农民与无业人群的心理健康无显著差异。在健康状况方面，慢性病或残疾患病人群的心理健康状况较差。童年期身体健康不佳的人群更可能在成年后面临心理健康问题，表明健康存在生命历程积累效应，童年期健康对成年后心理健康水平可能产生持续影响。

7.2.2　医保整合对心理健康影响的动态效应

进一步结合事件研究法和双重差分（DID）模型分析城乡居民医保整合对农村居民心理健康的动态影响。图 7 - 2 显示，医保整合后第 1 年至第 4 年农村居民的抑郁症状得分显著下降，且呈现持续下降的态势，说明医保整合对农村居民心理健康的促进作用存在持续且增大的效应，只关注整合改革的短期效应可能低估政策的真实影响。整合前 6 年至前 1 年，处理变量与政策实施相对年份的交互项在 5%的水平上不显著，也就是说，处理组和对照组人群的心理健康水平在医保整合前并不存在显著差异，表明 DID 模型估计中的平行趋势假设成立。

此外，在医保整合前 2 年至整合当年，处理组人群的抑郁症状得分与对照组相比呈现了一定程度的下降，这可能与居民对医保整合改革的预期有关。在整合政策正式实施之前，各地医保部门会提前发布整合意见与实施方案，并公布预计的施行时间。因此，居民提前知晓了当地将进行医保整合改革，并预期将从医保整合中受益更多，从而在一定程度上改善了其主观福利感受。

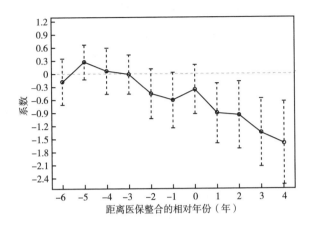

图 7 - 2 医保整合对抑郁症状的动态影响效应

注：图中显示了医保整合对 CES - D 得分随时间变化的影响及其 90% 的置信区间。横轴代表处理变量与政策实施相对年份之间的交互作用，我们主要考察从整合前 6 年到整合后 4 年的 11 年时间，将整合前第 7 年作为对照组，将整合后第 4 年及以上合并为相对年份"4"。相对年份"0"表示医保整合改革实施当年。图中的估计结果均为控制性别、年龄、婚姻状况、教育程度、工作状况、健康状况（即童年期自评健康状况、慢性病、身体残疾）、养老保险、家庭经济状况，以及地区和年份固定效应后的结果。

7.3 异质性分析和机制检验

7.3.1 分样本回归分析

表 7 - 3 中按性别分样本的回归结果显示，城乡居民医保整合改革对改善男性和女性心理健康都有显著影响，且无显著的组间差异。

年龄分样本结果显示，医保整合对 50 ~ 69 周岁老年人的心理健康存在显著促进作用，但是对 40 ~ 49 周岁人群和 70 周岁以上人群无显著影响。对于该结果可能的解释如下。首先，50 ~ 69 周岁的人群更可能面临工作和家庭双重压力，既要面临个人退休而可能导致的经济水平下降问题，还面临给适婚年龄子女提供更多经济支持的处境。

CHARLS 数据显示，相比其他年龄段人群，50～69 周岁年龄群体属于贫困风险高发人群。医保整合改革通过提高医疗保障水平、扩大医疗服务范围降低了他们对未来医疗费用支出风险的担忧，进而显著改善了其主观福利感受。其次，相对而言，40～49 周岁人群属于生命周期内财富积累最多的人群，他们聚集了社会的主要财富和资本，有相对充足的支付能力抵御医疗费用风险，同时与老年人相比，该年龄人群的健康风险较低，医疗服务需求和支出较少。因此，医保整合改革带来的医疗保障水平提高对该年龄人群的影响较小。最后，70 周岁以上老年人有较高的医疗需求，医疗服务利用的价格弹性随着年纪的增大变小。而且躯体健康状况变差加重心理健康问题，因此，医保整合改革对改善 70 周岁以上老年人群心理健康的作用有限。

表 7-3　　　　　　　　　　　　　分组回归分析

变量	因变量：CES-D 得分	
	系数	样本量
A. 分性别		
男性	-0.416 *** (0.154)	18804
女性	-0.461 *** (0.167)	20850
B. 分年龄		
40～49 周岁	-0.367 (0.400)	5002
50～59 周岁	-0.668 *** (0.217)	12075
60～69 周岁	-0.479 ** (0.236)	11544
70～79 周岁	-0.111 (0.338)	5406
80～89 周岁	0.057 (0.624)	1531

续表

变量	因变量：CES－D 得分	
	系数	样本量
C. 分健康状况		
患有慢性病	−0.406** (0.171)	20136
无慢性病	−0.590*** (0.191)	19518
患有残疾	−0.387* (0.218)	13159
无残疾	−0.490*** (0.139)	26495
过去一个月门诊医疗服务利用	−0.436 (0.348)	7108
过去一个月无门诊医疗服务利用	−0.395*** (0.133)	28793
D. 分家庭经济水平		
较低收入组	−0.351 (0.271)	12017
中等收入组	−0.603** (0.235)	11960
较高收入组	−0.465** (0.203)	11988

注：所有模型均控制了性别、年龄、婚姻状况、教育程度、工作状况、健康状况、家庭经济状况以及年份和地方固定效应。括号内为个人层面的聚类标准误，*、** 和 *** 分别表示在 10%、5% 和 1% 水平上的统计显著性。

从健康分样本结果来看，与无慢性病人群相比，医保整合对慢病患病人群的心理健康改善作用更小。同样，医保整合对残疾人群的心理健康改善作用小于无残疾人群。从经济状况来看，医保整合对中等及以上收入的人群的心理健康改善作用明显，而对低收入人群的心理健康改善作用不显著。上述结果表明，未来居民医保政策的设计调整和福利改善应该更多向低收入人群、健康弱势人群倾斜，更好地根据人群特点设定医保制度。比如慢性病患病人群的门诊就诊需求较高，就医频繁，导致其门诊医疗支出较高，城乡居民医保应该在门诊慢病管理上提供更有针对性的医疗服务以及更全面的医保覆盖范围。

此外，本章还对东部、中部和西部地区的分样本进行回归，以检验不同地区的医保整合政策效应是否存在差异。表7-4显示，城乡居民医保整合对农村居民心理健康的改善作用在西部地区最为显著，其次是中部地区，东部地区相对最小。

表7-4 不同地区政策效应异质性

项目	因变量：CES-D得分		
	东部地区	中部地区	西部地区
	(1)	(2)	(3)
医保整合效应	-0.327* (0.176)	-0.412* (0.222)	-0.586** (0.241)
其他控制变量	控制	控制	控制
地区固定效应	控制	控制	控制
年份固定效应	控制	控制	控制
样本量	13507	12792	9529
R^2	0.099	0.109	0.100

注：表中"其他控制变量"与表7-2相同。括号内为个人层面的聚类标准误，*、** 和 *** 分别表示在10%、5%和1%水平上的统计显著性。

7.3.2 作用机制检验

相比于原来的新农合，医保整合后城乡居民医保的医疗服务包范围扩大，更多高质量的医疗机构纳入农村居民的医保覆盖范围，同时报销比例也有了一定提升。根据表7-5的结果，城乡居民医保整合后，地区层面的实际住院报销比例提高了8个百分点。虽然实际的报销比例提高幅度没有那么大，但是不可忽视整合改革在改善农村居民主观福利感受上的作用，使参保居民对未来医疗支出风险的担忧显著降低。此外，一些学者认为医保整合在一定程度上促进了居民的门诊服务利用（Ma et al.，2016）和住院服务利用（Huang & Wu，2020），同时自评健康得到了显著改善（Zhou et al.，2022），这些都将直接有利于居民心理健康水平的提升。从表 7-5 中结果还可看出，医保整合后农村居民更倾向于参与社会活动和身体锻炼，更有可能对自己的健康状况感到满意，上述影响也有利于心理健康水平的提升。

表 7-5　　　医保整合改革对农村居民心理健康影响的潜在作用机制

因变量	系数	样本量
A. 报销水平		
门诊医疗服务报销率（地区层面）	-0.003 (0.018)	372
住院医疗服务报销水平（地区层面）	0.080*** (0.017)	372
B. 社会活动		
过去一个月串门、跟朋友交往（是 = 1）	0.021** (0.009)	32206
C. 身体锻炼		
每周至少十分钟不间断的身体锻炼	0.013* (0.008)	20728
D. 健康满意度（满意 = 1）	0.032*** (0.011)	20077

注：研究模型均控制了性别、年龄、婚姻状况、教育水平、工作状况、健康状况（即童年期自评健康状况、是否患有慢性病、是否身体残疾）、养老保险、家庭经济状况、年份和地方固定效应。*** 、** 和 * 分别表示在 1% 、5% 和 10% 水平上的统计显著性。

7.4　结论与政策启示

改善参保居民健康水平是医保制度改革的内在目标，对于任何致力于实现全民医保的国家或地区而言均是如此（Ara et al.，2022）。本章利用 CHARLS 2011～2018 年四轮面板数据，发现城乡居民医保整合改革有助于改善农村居民的心理健康，参保居民的 CES－D 得分和患抑郁症状的可能性在医保整合后都显著下降。

城乡居民医保整合事件研究方法下的估计结果显示，农村居民的 CES－D 得分在医保整合后呈现出持续下降的趋势，表明整合改革在促进心理健康方面具有持续性和累积效应。此外，医保整合的心理健康效应可能在政策实施前两年就已开始显现。积极的政策预期能在一定程度上解释该现象。在医保整合政策实施之前，地方政府提前公布相应的整合方案，当地居民提前了解了相关改革政策可能带来的福利改善，从而提高了他们的政治信任度和主观幸福感（Dong & Kübler，2021）。

人群异质性检验结果显示，医保整合对不同年龄、健康状况和经济状况群体的影响存在差异。对于年龄在 40～49 周岁和 70 周岁及以上、健康状况较差和经济状况较差人群，医保整合在降低其抑郁症状方面的作用不显著。上述结果表明，有严重健康问题和较重经济负担的人群对城乡居民医保整合改革的满意度较低，尽管城乡居民医保整合改革后农村参保居民的医疗保障水平明显提高，但是健康和经济弱势人群仍然面临较重的自付负担，从而对其心理健康的改善作用有限。

在作用机制识别方面，医保整合改革降低了农村居民的自付医疗费用比例，降低了就医负担，提高了健康满意度，增加了农村居民的社会交往和身体锻炼，从而进一步改善其心理健康。

根据研究结果，本章提出相应的政策建议。第一，鉴于城乡居民医保整合改革良好的实施效果，应当进一步提高医保统筹层次，从市级统筹逐步探索提高到省级统筹，实现更高层次的风险共济和福利包标准化，势必带来更大的健康福利效应。第二，考虑采取更具有针对性的政策以促进人群间的受益公平性，如针对弱势人群的特殊需求，将适合门诊治疗的高成本疾病纳入医保范围（Wang et al.，2020），更多关注 70 周岁以上老年人、慢性病患者、残疾人、低收入人群的医疗保障需求。第三，为了进一步释放城乡居民医保整合改革效益，还应加强农村地区的医疗卫生资源的配置和服务建设，让群众更好地享受到便捷、可及、优质的医疗服务。

综上所述，我国城乡居民医保整合改革显著改善了农村居民的心理健康。医保整合之所以能够降低农村居民的抑郁症状，可能与保障水平的提高、健康满意度的提升、社会交往和身体锻炼的增加有关。值得注意的是，医保整合改革对一些弱势群体的抑郁症状缓解作用有限，应考虑加强针对性、精细化的政策设计，以更好地实现健康公平和落实健康中国战略。

第8章 城乡居民医保整合与流动人口的健康福利效应

提高流动人口的医疗保障水平一直是医改的薄弱环节。流动人口的频繁流动与医疗保险的"属地原则"之间存在矛盾,目前在政策层面跨区域医疗和医保异地结付仍然面临诸多困难和问题,导致流动人口的实际医疗保障水平较低,整体的参保积极性不高,需要政策予以重点关注。通过城乡居民医保整合改革,人口流动与医保属地原则之间的矛盾在一定地域范围内得到了解决,流动人口可以在流入地就医并进行医保报销,使流动人口直接受益,相应地可能改变流动人口的参保积极性和就医选择,同时也可能提高流动人口的就近城镇化意愿。对此,本章和第9章将围绕流动人口这一特殊群体,从参保积极性、就医选择、社会融入三个方面就城乡居民医保整合对流动人口的福利效应进行系统分析。其中关于城乡居民医保整合对流动人口社会融入的影响在第9章中进行探讨。

8.1 流动人口的"流动"与医保的"属地原则"问题

8.1.1 流动人口的参保和医疗保障现状

流动人口已经成为我国人口结构中的重要组成部分。2020年第七次全国人口普查数据显示，流动人口规模已经达到 3.76 亿人，10 年间增长了近 70%。随着我国经济社会形势的快速变化、城市化进程加快以及人口流动频繁等趋势，基本医疗保险制度独立运行带来的弊端日益显现，与流动人口相关的健康、社会保障等制度短板逐渐凸显。与本地居民相比，流动人口的健康和医疗保障明显处于劣势状况。流动人口的"流动"与医保的"属地原则"之间的矛盾随着流动人口规模的扩大而愈发严重，该特殊群体的医疗保险需求是否得到满足备受关注，也是提高医疗保障政策公平性的难点所在。

由于流动人口流动性较强，工作具有短暂性和不稳定性，并且工作和生活环境较差（周钦等，2013），其更容易面临健康问题。然而受户籍制度影响，多数流动人口无法在流入地参加医疗保险（仇雨临和冉晓醒，2020）或无法享受正常的医保待遇（王超群，2020）。根据中国的医保制度规定，在正规就业部门工作的流动人口可以参加城职保，然而大部分流动人口在非正规就业部门工作，因而未被城职保覆盖，为了获得医疗保险只能参加其户籍所在地的居民基本医疗保险，直接导致大部分流动人口面临返乡使用医疗服务成本高、流程不便的问题。此外，由于基本医保制度独立运行和管理（仇雨临等，2011；申曙光和侯小娟，2012），流动人口面临医保关系转移接续困难（郑秉文，2008；仇雨临和冉晓醒，2020）、异地就医不符合医保使用条件等问题，实际的医疗保障受益水平明显低于当地居民的受益水平（周钦等，2016）。整体而言，流动人口在医疗保障、健康、居住环境、福利感受等方面都处于劣势状况，而且流动人口内部异质性较大，导致同时存在流动人口和本地居民人群间以及流动人口人群内部的不公平问题。

由于上述问题的存在，流动人口的参保积极性受到严重影响。长期以来，流动人口的医保参保率和医疗服务利用率都明显低于本地居民，而无保险者在医疗服务利用上的劣势很可能直接导致其健康状况较差、劳动效率降低等后果（赵绍阳等，2013）。部分流动人口选择重复参保来应对"流动"和医保"属地原则"的问题，造成财政资金的大量浪费（刘冬梅等，2016），由此导致部分流动人口城市融入度偏低，返乡倾向不断增强（秦立建和陈波，2014）。制度分立与属地关系矛盾给流动人口参保和健康保障都造成了极大的不便。

8.1.2 城乡居民医保整合改革缓解人口流动和医保"属地原则"矛盾

2016 年国务院发布《国务院关于整合城乡居民基本医疗保险制度的意见》，就城乡居民医保制度政策提出了"六统一"的要求。从政策目标而言，城乡居民医保整合提高了医保报销水平，拓宽了报销目录并取消户籍限制，应有助于提高流动人口的参保积极性和医疗保障水平，缓解流动人口的"流动"和医保的"属地原则"之间的矛盾，使流动人口直接受益，从而有助于缩小人群间和人群内部的差距。然而，目前医保统筹层次以地方统筹为主，仅有少部分地区实现了省级统筹，全国范围的医保结算尚存在较大难度。所以现实中流动人口多大程度上受益于城乡居民医保整合，医保整合是否促进了流动人口的参保积极性和医疗服务利用，是否提高了其社会融入水平，仍需要更多的实证证据。而且随着政策的推进，部分省份在制定医保整合政策时尚未充分考虑到流动人口医疗保障的特殊需求，这不利于真正实现全民医保覆盖（universal health coverage）建设目标。

鉴于此，本章利用 2017 年全国流动人口动态监测调查数据①（China Migrants Dynamic Survey，CMDS），从流动人口参保可能性和就医选择两个方面实证检验城乡居民医保整合对流动人口的健康福利效应，为促进流动人口发展、提高流动人口基本医疗保障的人群间和人群内部公平性提供新的实证证据。

---

① 因 2018 年之后的数据已停止对社会公布，所以本书以 2017 年的数据作为研究数据。

8.2　研究方法与数据

8.2.1　模型建立

本章从参保可能性和就医选择两个方面测量流动人口的健康福利效应。考虑到这两个变量都为离散二元变量，采用 Probit 模型进行实证分析。基本模型设定如下：

$$\Pr(y_i = 1 \mid Policy, Z) = G(\beta_0 + \beta_1 Policy_i + Z_i\delta + \varepsilon) \qquad (8-1)$$

式中，y_i 为被解释变量，在本章中分别代表流动人口参保可能性和就医选择变量。$Policy_i$ 代表地区是否实施城乡居民医保整合的二元变量，将已实施医保整合政策的地区取值为 1，否则取值为 0。Z_i 为控制变量，ε 为误差项。β_1 是本章重点关注的系数。比如在参保可能性的回归方程中，系数 β_1 显著大于 0，说明医保整合显著提高了流动人口参保的可能性，反之，则表示降低了流动人口参保的可能性。$G(\cdot)$ 为非线性方程，假定随机项服从标准正态分布。

此外，考虑到地区医保整合的非随机性，本章在 Probit 模型回归的基础上，采用倾向得分匹配法（PSM）方法进行稳健性检验，尽可能缩小处理组（整合组）与对照组（非整合组）之间的系统性差异。

8.2.2　数据来源

本章数据来自 2017 年全国流动人口动态监测调查数据。自 2009 年起，原国家卫计委流动人口司每年都会开展大规模全国性流动人口抽样调查。该调查以在流入地居住 1 个月及以上、非本区（区、市）户籍的 15 周岁及以上流动人口为调查对象，以中国 31 个省份和新疆生产建设兵团 2016 年全员流动人口年报数据为基本抽样框，采取分层、多阶段、与规模成比例的 PPS 方法抽取样本点，并在保持对全国、各省份具有代表性的基础上，将省级样本量分为 6~10 类，各类样本量的范围为 2000~15000 人。

该数据库收集了流动人口的基本人口学特征、工作、收入、支出、健康状况、医保、基本公共服务利用、社区管理等情况。2017 年调查采集流动人口样本 169989 个。考虑到城乡居民医保整合改革主要作用于未被城职保覆盖的人群，在流动人口研究部分，本章研究剔除了参加城职保参保的样本。

8.2.3　样本描述性统计

表 8-1 为样本描述性统计结果。结果显示，样本人群以已婚、初中学历、农业户籍为主，平均年龄在 37 周岁左右。大部分流动人口自评健康状况较好。在职业选择方面，流动人口多从事商业、服务工作，一半左右的流动人口为个体工商户，其次是股份和私营企业员工。35.1% 的流动人口所在的流入地已经实施城乡居民医保新政。在流动范围方面，一半以上的流动人口为跨省流动，其次是省内跨市流动，市内跨县流动的比例最低。53.7% 的流动人口仅流动过一个城市，流入年限平均在 9 年左右。说明大部分流动人口在流入地的工作和居住时间较长，表现出较明显的市民化意愿。

表 8-1　　　　　　　　　　描述性统计

变量	样本量	均值	标准差
流入地城乡居民医保整合（是=1）	127792	0.351	0.477
参保（是=1）	127792	0.916	0.278
流入地参保（是=1）	127393	0.086	0.281
户籍地参保（是=1）	127393	0.826	0.379

变量	样本量	均值	标准差
就医选择（三分类）			
本地（流入地）	36829	0.989	0.101
老家	36829	0.007	0.082
其他	36829	0.004	0.059
流入地就医机构选择（四分类）			
本地卫生站	36450	0.233	0.423
个体诊所	36450	0.217	0.412
本地综合/专科医院	36450	0.161	0.367
本地药店	36450	0.389	0.488
流入地居住意愿（是=1）	127792	0.809	0.393
女性	127792	0.491	0.500
年龄	127792	36.99	11.02
已婚	127792	0.825	0.380
农业户口	127704	0.841	0.366
健康状况好	127792	0.970	0.171
教育水平	127792		
文盲		0.033	0.178
小学		0.170	0.376
初中		0.489	0.500
高中/中专		0.211	0.450
专科/本科/研究生		0.097	0.162
职业	102602		
无固定职业		0.029	0.169
国家机关负责人/专业技术人员/公务员		0.052	0.222
商业、服务人员		0.683	0.465
农林牧渔、生产建筑运输		0.211	0.408
其他		0.024	0.154
单位性质	102602		
无业		0.153	0.360
机关事业单位+国有+集体		0.035	0.183
股份、私营企业		0.257	0.437
个体工商户		0.515	0.500
港澳台独资+外商独资+中外合资		0.013	0.113
社团民办+其他		0.027	0.163

变量	样本量	均值	标准差
家庭年人均支出对数	127792	9.368	0.608
地区	127792		
东部地区		0.382	0.486
中部地区		0.310	0.463
西部地区		0.307	0.461
流动范围	127736		
跨省流动		0.529	0.499
省内跨市		0.312	0.463
市内跨县		0.159	0.366
流入年限	127792	9.314	6.114
流动城市数量	127792		
1个		0.537	0.499
2个		0.253	0.435
3个		0.105	0.307
4个及以上		0.105	0.307

在参加医疗保险方面，流动人口的基本医疗保险参保率（包括流入地参保和户籍地参保）为91.6%。其中在参保地选择上，82.6%的流动人口在户籍地参保，仅有8.6%的流动人口选择在流入地参保。在就医选择方面，流动人口患病后选择流入地、老家和其他地方就医的人群比例分别为98.9%、0.7%和0.4%，说明绝大部分流动人口在患病后选择流入地医疗机构就医。进一步分析发现，流入地参保的流动人口在患病后选择流入地社区卫生站、个体诊所、综合/专科医院和药店就医的比例分别为23.3%、21.7%、16.1%和38.9%。结合医保参保地和就医选择的统计结果，研究发现大部分的流动人口在老家参保，但是他们更可能在流入地就医，意味着流动人口面临"医保不适用"且需要全额负担医疗费用的可能性较大。

8.3 实证结果及分析

8.3.1 对流动人口参保积极性的影响

表 8-2 报告了流入地城乡居民医保整合对流动人口参保可能性影响的估计结果。列（1）和列（2）结果显示，城乡居民医保整合地区的流动人口在流入地参保的可能性显著较高，选择户籍地参保的可能性显著较低。反映出城乡居民医保整合后，流动人口更愿意选择流入地参保，选择户籍地参保的意愿下降。这可能是因为医保整合后，城乡居民医保整体的待遇水平提升、拓宽了报销目录（仇雨临和吴伟，2016），对流动人口参保具有更大的吸引力。与此同时，城乡居民医保统筹层次提高，部分地区实现了省级统筹，流动人口获得流入地参保资格的可能性更高，相应的参保可能性也就更高。作为稳健性检验，本章将流动人口的参保状态分为无保险、户籍地参保、流入地参保三种类型，采用多分类 Probit 模型进行回归，结果汇总于表 8-2 中的列（3）和列（4）。结果显示，与无保险人群相比，城乡居民医保整合使流动人口选择在流入地参保的可能性显著提高，同时户籍地参保可能性显著降低。

表 8-2　　　　流入地城乡居民医保整合对流动人口参保的影响

变量	Probit 模型		多分类 Probit 模型	
	(1)	(2)	(3)	(4)
	流入地参保	户籍地参保	流入地参保	户籍地参保
流入地城乡居民医保整合	0.005 *** (2.73)	-0.007 *** (-2.71)	0.007 *** (3.55)	-0.007 *** (-2.89)
年龄	0.001 *** (16.73)	-0.001 *** (-10.69)	0.002 *** (17.24)	-0.001 *** (-11.22)
女性	0.012 *** (7.48)	-0.019 *** (-7.90)	0.013 *** (7.70)	-0.018 *** (-7.66)

变量	Probit 模型		多分类 Probit 模型	
	(1)	(2)	(3)	(4)
	流入地参保	户籍地参保	流入地参保	户籍地参保
已婚	0.013 ***	0.030 ***	0.016 ***	0.023 ***
	(5.71)	(9.06)	(6.37)	(7.06)
健康状况好	-0.019 ***	0.020 **	-0.021 ***	0.014
	(-3.20)	(2.22)	(-3.63)	(1.64)
农业户口	-0.067 ***	0.152 ***	-0.056 ***	0.125 ***
	(-27.38)	(43.45)	(-26.32)	(43.80)
教育水平（以文盲为对照组）				
小学	0.018 ***	0.013 *	0.018 ***	0.021 ***
	(3.18)	(1.78)	(4.23)	(2.64)
初中	0.021 ***	0.019 **	0.022 ***	0.027 ***
	(4.02)	(2.57)	(5.61)	(3.41)
高中/中专	0.049 ***	-0.008	0.043 ***	0.009
	(8.16)	(-0.98)	(9.70)	(1.16)
专科/本科/研究生	0.120 ***	-0.097 ***	0.083 ***	-0.055 ***
	(12.17)	(-8.54)	(15.02)	(-6.03)
职业类型（以无固定职业为对照组）				
国家机关负责人/专业技术人员/公务员	0.012 **	0.005	0.011 *	0.011
	(2.06)	(0.64)	(1.69)	(1.21)
商业/服务人员	-0.006	0.031 ***	-0.007	0.033 ***
	(-1.33)	(4.51)	(-1.28)	(4.48)
农林牧渔/生产建筑运输	0.002	0.016 **	0.002	0.019 **
	(0.38)	(2.29)	(0.41)	(2.51)
其他	0.000	-0.002	0.006	0.000
	(0.04)	(-0.22)	(0.85)	(0.05)
单位性质（以无单位为对照组）				
机关事业单位/国有/集体	0.012 ***	-0.013 *	0.019 ***	-0.014 *
	(2.62)	(-1.92)	(3.35)	(-1.91)
股份/私营企业	-0.013 ***	0.006	-0.013 ***	0.008 **
	(-4.98)	(1.50)	(-4.36)	(2.03)

变量	Probit 模型		多分类 Probit 模型	
	（1）	（2）	（3）	（4）
	流入地参保	户籍地参保	流入地参保	户籍地参保
个体工商户	−0.015 *** （−6.50）	0.017 *** （4.76）	−0.015 *** （−5.72）	0.017 *** （4.65）
港澳台独资/外商独资/中外合资	0.059 *** （7.12）	−0.069 *** （−6.23）	0.094 *** （8.14）	−0.086 *** （−6.77）
社团民办/其他	0.007 （1.40）	−0.020 *** （−2.66）	0.009 （1.56）	−0.020 ** （−2.53）
家庭年人均支出对数	0.008 *** （5.72）	−0.019 *** （−9.60）	0.009 *** （5.91）	−0.018 *** （−9.29）
地区（以东部地区为对照组）				
中部地区	0.051 *** （21.27）	−0.018 *** （−5.90）	0.042 *** （20.14）	−0.017 *** （−5.72）
西部地区	0.081 *** （34.16）	−0.040 *** （−13.42）	0.072 *** （32.77）	−0.039 *** （−13.39）
样本量	102246	102246	102246	102246

注：*、**、*** 分别代表在 10%、5%、1% 的水平上显著。

表 8-2 中控制变量的实证检验结果显示，流动人口越年轻、家庭经济状况越好，在流入地参保的可能性越高。已婚流动人口更倾向于在户籍地参保，说明已婚人群更加注重规避医疗支出风险（刘蕾和许萍，2020）。教育水平越高的流动人口，在流入地参保的可能性越高。这可能是因为高教育水平的人群更加关注自身健康，健康素养较好，也更具有自我权益保护的意识（王亨等，2015）。与此同时，教育水平较高的流动人口在流入地的收入、就业状况可能更好，他们的流动性相对较低，从而更倾向于在流入地参加保险。在职业方面，国家机关负责人、公务员等工作相对稳定的流动人口更倾向于在流入地参加保险，而从事商业、服务人员等职业的流动人口更倾向于在户籍地参保，说明流动人口很可能根据工作的稳定性和职业类型选择参保地。

进一步针对性别、婚姻状况、年龄、受教育水平、流动范围进行分样本分析，考察流入地城乡居民医保整合对参保可能性影响的人群异质性，回归结果汇总于表8－3。

表8－3　　流入地城乡居民医保整合对不同流动人口群体参保可能性的影响

变量	流入地参保		户籍地参保	
	可能性	样本量	可能性	样本量
性别分样本				
女	0.004 (1.41)	43532	−0.008 * (−1.89)	43532
男	0.005 ** (2.08)	58714	−0.006 * (−1.80)	58714
婚姻状况分样本				
未婚	0.020 *** (5.15)	18747	−0.128 *** (−5.27)	18747
已婚	0.001 (0.27)	83499	−0.011 (−0.84)	83499
年龄分样本				
青年	0.006 *** (2.51)	71232	−0.010 *** (−3.11)	71232
中年	0.002 (0.50)	30741	0.001 (0.15)	30741
老年	0.016 (0.32)	264	0.019 (0.32)	264
受教育水平分样本				
文盲	0.011 (1.13)	9675	−0.050 (−0.73)	2594
小学	−0.002 (−0.53)	16712	−0.018 (−0.64)	16712
初中	−0.003 (−1.23)	51378	−0.010 (−0.60)	51378
高中/中专	0.013 *** (3.04)	21872	−0.075 *** (−3.09)	21872
大专/本科/研究生	0.049 *** (6.00)	9676	−0.109 *** (−3.29)	9676

变量	流入地参保		户籍地参保	
	可能性	样本量	可能性	样本量
流动范围分样本				
跨省流动	0.079 ** (2.51)	9041	− 0.052 *** (− 3.04)	55630
省内跨市	0.072 * (1.67)	5543	0.088 *** (3.35)	28137
市内跨县	− 0.153 (− 1.61)	1862	0.159 *** (3.01)	14326

注：*、**、*** 分别代表在 10%、5%、1% 的水平上显著，其他控制变量同表 8 - 2。

　　表 8 - 3 的结果显示，城乡居民医保整合对流动人口参保可能性的影响主要作用于男性、未婚、青年和高中及以上学历的人群，医保整合使得上述这些人群更倾向于在流入地参保，降低了其在户籍地参保的可能性。此外，流入地城乡居民医保整合对跨省流动和省内跨市流动的流动人口的本地参保可能性有显著影响，对市内跨县的流动人口的本地参保可能性没有显著影响。这主要是因为城乡居民医保整合后，医保基金统筹层次上升，流动人口更有可能满足在流入地参保的资格。与此同时，部分地区的城乡居民医保政策拓宽了参保人群范畴，将流动人口也纳入当地城乡居民医保参保范畴，因此流动人口在本地参保的可能性显著提升。至于流入地城乡居民医保整合对市内跨县的流动人口的本地参保可能性没有显著影响，可能是因为流动人口市内跨县流动相对比较方便，返乡就医和医保报销没有那么困难，所以流入地医保制度的调整对其影响不大。而流入地城乡居民医保整合为什么会显著增加流动人口返乡参保的可能性呢？这可能是因为对于市内流动的流动人口，当流入地实施了医保整合，意味着户籍地也很可能实施了医保整合，因此他们回户籍地参保的可能性显著增加。

8.3.2 对流动人口就医选择的影响

如表 8 - 4 所示，流入地城乡居民医保整合使得流动人口在流入地就医的可能性增加 1.4 倍，且在 5% 的水平上显著，但户籍地城乡居民医保整合对流动人口的就医选择没有显著影响，这说明流动人口的就医选择主要受流入地医保制度的影响。他们在流入地居住和工作，当流入地实施城乡居民医保整合后，流动人口直接成为受益人群。虽然部分流动人口在户籍地参保，但是他们很可能因为回老家就医和医保报销困难而放弃使用医保，且流动人口在流入地就医很可能面临医保不适用问题，导致他们受益于户籍地医保整合改革的程度有限。

表 8 - 4　　　　城乡居民医保整合对流动人口就医选择的影响

变量	流入地就诊	其他地方就诊
户籍地城乡居民医保整合	1.053 （-0.312）	1.095 （-0.322）
流入地城乡居民医保整合	1.441 ** （-2.360）	0.975 （-0.092）
控制变量	是	是
样本量	36829	36829

注：表中回归采用多分类 Logit 回归，以"回老家就医"为基准组。括号中为稳健标准误差，*、**、*** 分别表示在 10%、5% 和 1% 的水平上显著。控制变量包括年龄、性别、婚姻、受教育水平、职业类型、单位性质、家庭年人均收入和地区固定效应。

下面进一步就流入地城乡居民医保整合对流入地就医机构选择的影响进行探究。表 8 - 5 显示，流入地整合使得流动人口患病后选择流入地社区卫生站、流入地药店就医的可能性分别增加 1.38 倍和 1.35 倍，且均在 5% 的水平上显著。这可能是因为相较于非医保覆盖范围的流入地个体诊所，社区卫生站和大部分药店属于医保定点机构，在城乡居民医保整合后医保定点机构增加，流动人口的医保适用可能性也随之提高。

表 8 - 5　　　城乡居民医保整合对流入地参保流动人口就医选择的影响

变量	本地社区卫生站	本地综合/专科医院	本地药店
流入地城乡居民医保整合	1.379 ** (-2.293)	1.050 (-0.314)	1.354 ** (-2.315)
样本量	3202	3202	3202

　　注：表中回归采用多分类 Logit 回归，以"本地诊所就医"为基准组。括号中为稳健标准误差，
* 、 ** 、 *** 分别表示在 10% 、5% 和 1% 的水平上显著。其他控制变量同表 8 - 4。

　　此外，表 8 - 5 的结果显示，城乡居民医保整合对流动人口选择流入地综合/专科医院就诊的影响不显著。究其原因，一方面可能是医保整合后报销比例的提高幅度仍然有限，对于部分低收入流动人口而言，自付医疗费用压力仍然较大；另一方面，流动人口大多从事劳动密集型行业，选择综合专科医院就医的时间成本比较高，因此他们倾向于选择可及性更高的医疗机构，如流入地社区卫生站和药店。

　　接下来对流入地参保的流动人口样本分别按照收入和健康状况进行分样本回归分析，检验城乡居民医保整合对流动人口流入地就医机构选择影响的人群异质性。表 8 - 6 收入分样本的结果显示，城乡居民医保整合仅对低收入人群的就医选择有显著影响。具体而言，相较于选择到流入地个体诊所就诊，低收入群体选择流入地社区卫生站和流入地药店的可能性分别高出了 2.13 倍和 1.57 倍，而中等收入群体和高收入群体的就医机构选择受医保整合的影响不显著。说明城乡居民医保整合对低收入的流动人口的就医选择影响较大。

　　按照不同健康状况将样本人群分为健康组和不健康组进行回归分析，结果如表 8 - 7 所示。结果显示，流入地城乡居民整合对于健康状况较差的流动人口影响最大。相较于选择流入地个体诊所就诊，健康状况较差的流动人口选择社区卫生站的可能性增加了 4.31 倍，且在 10% 的水平上显著；对于健康的流动人口，选择流入地社区卫生站和流入地药店的可能性增加了 1.31 倍，分别在 10% 和 5% 的水平上显著。表明健康状况较差的流动人口在城乡居民医保整合政策下受益更大，原因可能是健康状

况较差的流动人口所需的医疗服务更多，门诊次数和治疗费用也更多，在城乡居民医保整合后受政策影响受益更大。

表 8-6　不同收入水平下城乡居民医保整合对就医机构选择的影响

分样本		社区卫生站	综合/专科医院	本地药店
低收入群体	系数	2.134*** (-3.599)	1.089 (-0.336)	1.570** (-2.209)
	样本量	1266	1266	1266
中等收入群体	系数	1.178 (-0.660)	1.331 (-1.067)	1.370 (-1.411)
	样本量	1149	1149	1149
高收入群体	系数	0.757 (-0.864)	0.721 (-0.970)	1.036 (0.114)
	样本量	787	787	787

注：表中回归采用多分类 Logit 回归，以"个体诊所"为基准组。括号中为稳健标准误差，*、**、***分别表示在10%、5%和1%的水平上显著。其他控制变量同表8-4。

表 8-7　不同健康水平下城乡居民医保整合对就医机构选择的影响

分样本		社区卫生站	综合/专科医院	本地药店
健康好的 样本人群	系数	1.313* (-1.886)	1.018 (-0.109)	1.312** (-2.021)
	样本量	3064	3064	3064
健康一般 和差的 样本人群	系数	4.311* (-1.707)	2.263 (-1.095)	2.492 (-1.157)
	样本量	138	138	138

注：表中回归采用多分类 Logit 回归，以"个体诊所"为基准组。括号中为稳健标准误差，*、**、***分别表示在10%、5%和1%的水平上显著。其他控制变量同表8-4。

8.4　结论与政策启示

本章基于 2017 年中国流动人口动态检测调查数据，从流动人口参保可能性和就医选择两个方面实证检验了城乡居民医保整合对流动人口健康福利效应的影响。研究结果显示，城乡居民医保整合对流动人口的健康福利效应明显。鉴于庞大的流动人口面临医疗保障、医疗可及性、生活环境、健康等方面的劣势状况，城乡居民医保整合有助于缩小流动人口和本地户籍居民之间健康福利效益的差距，进而促进人群间公平。以下是本章研究主要的发现和结论。

第一，城乡居民医保整合显著提高了流动人口在流入地参加医疗保险的可能性，这对提升流动人口的医疗保障水平和健康水平具有十分重要的意义。通过人群异质性分析发现，城乡居民医保整合对流动人口参保可能性的影响主要作用于男性、未婚、青年和高中及以上学历的人群。上述结果表明，城乡居民医保整合对流动人口在流入地参保具有正向的促进作用。一方面，城乡居民医保整合后，居民整体的医保待遇提升，对流动人口的吸引力更大；另一方面，城乡居民医保统筹层次上升，流动人口更有可能满足在流入地参保的资格。此外，部分地区的城乡居民医保政策拓宽了参保人群范畴，将流动人口也纳入当地城乡居民医保参保范围，因此流动人口在本地参保的可能性显著提升。

第二，流入地城乡居民医保整合显著提高了流动人口选择流入地就医的可能性，而户籍地城乡居民医保整合对其就医选择没有显著影响。说明流动人口受流入地医保制度的影响更大，当流入地医保能够更好地满足其医疗保障需求时，他们更倾向于在流入地参保并就医。进一步研究显示，流入地城乡居民医保整合显著提高了流动人口选择当地社区卫生站和药店就诊的可能性，降低了其在个体诊所就诊可能性，对综合专科医院就诊的可能性影响不显著。这可能是因为城乡居民医保整合后流动人口的医保适用可能性提高，其医疗支出更可能满足医保报销要求，从而提高了他们对医保覆盖范围内的社区卫生站和药店的就诊可能性，对医保覆盖范围之外的个体诊所的需求下降。由于城乡居民医保整合后医疗保障水平提高有限，政策未能影响流动人口对综合专科医院的利用率。通过分样本回归结果发现，医保整合使低收入群体选择流入地社区卫生站和流入地药店的可能性显著增加，健康不佳人群选择社区卫生站的可能性也显著增加，相应地对中等和高收入群体以及健康人群的影响不显著。表明城乡居民医保整合显著提高了流动人口的医疗可及性和基层医疗服务利用，并且低收入人群和健康劣势人群受益更加明显。

根据以上结论，本书提出以下两点建议：

第一，目前城乡居民医保主要为市级统筹，而现实中跨省流动的流动人口占据较大的比例，因此，应继续加快城乡居民医保整合政策的实施，并逐步提高统筹层次，扩大受益人群。在推进城乡居民医保整合政策的同时，应完善基层医疗卫生服务，补充基层医疗服务资源，增设跨省异地就医定点医院，完善异地就医信息管理服务等配套措施，提供流动人口在异地就医的软件、硬件基础设施，从而将缩小医疗服务资源差距与推进城乡居民医保整合政策同步进行，以进一步促进城乡居民医疗服务利用公平化。此外，在推进城乡居民医保整合政策的过程中，应该更多关注流动人口内部的异质性，比如流动人口中收入较低、教育水平较低的人群需要政府部门的重点关注，在制定城乡居民医保整合配套政策时应当进行多角度、多层面的调查与研究，实施分类管理，充分考虑不同群体之间的差异，满足不同群体对医疗保险的需求，尽可能使医疗保险发挥更大的作用，并促进医疗资源合理分配。

第二，为了使更多流动人口受益，本书认为进一步提高城乡居民医保的医疗保障水平，尤其是基层医疗机构的报销水平，将更好地满足流动人口的就医需求。并且随着城乡居民医疗保障水平的提高和保障范围的扩大，流动人口对综合专科医院等高质量医疗服务的可及性也可能提高。出于多种原因，不少流动人口仍然选择参加户籍地医保，但返回户籍地就诊不方便等原因限制了其对医疗保险的使用，导致其实际的医疗保障水平偏低，这也是户籍地医保制度整合对流动人口就医选择没有显著影响的原因之一。因此，扩大城乡居民医保跨省异地结算范围，将有助于满足非流入地参保流动人口的就医需求，在短期内缓解流动人口的"流动"和医保"属地原则"之间的矛盾。此外，老年流动人口规模也不断扩大，很多老年人随子女流入新的城市生活，但是他们的医疗保险仍在户籍地，而老年人又是医疗服务的高需求人群，导致其在流入地面临高额的医疗费用负担而不敢就医，因此门诊医疗费用直接结算能够让老年人直接受益，增加流动人口家庭在新城市居住和工作的安全感和幸福感，降低其流动性。从长期来看，在全国范围建立统一的基本医疗保险制度才是解决问题的根本途径。

第9章 城乡居民医保整合对流动人口社会融入的影响

　　我国流动人口社会融入的话题已经受到学术界的广泛关注。本章研究的社会融入是指流动人口在心理层面融入当地社区的过程。目前的研究主要关注于流动人口社会融入状况和影响社会融入的影响因素。关于医疗保险制度对流动人口心理层面的社会融入影响的研究证据尚且不足。真正的社会融入需要建立在对流动人口强烈的心理认同之上（杨菊华，2015；程晗蓓等，2021；陆杰华和陈炫齐，2024；Hu & Cheung，2024）。已有研究表明，参加新农合可能降低农民工的城市融入，增加其返乡倾向，即新农合的"拉回效应"（秦雪征等，2011）。城乡居民医保整合后，城乡居民医保新政的统筹层次高于新农合，且部分地区试点省级统筹。因此，医保整合有助于降低流动人口可能面临的异地参保和就医难题。本章承接第8章内容，使用2017年中国流动人口动态调查（CMDS）数据，借助"准社会实验"的研究思路，实证检验城乡居民医保整合改革是否有效提高流动人口的社会融入水平。本章为城乡居民医保整合改革对流动人口心理层面的社会融入影响提供了新的实证证据，对以公共服务均等化改革推进城镇化提供新的视角和见解。

9.1　流动人口社会融入问题

改革开放以来，人口流动越来越频繁，流动数量也越来越大。每年数以亿计的农村居民进入城市寻求工作机会，成为中国社会经济发展的重要特征之一。然而户籍制度以及附着于户籍之上的一系列公共服务差异，客观上阻碍了流动人口在流入地的社会融入，大部分流动人口处于"流而不迁"的状态，无法享受流入地高质量的医疗保障、住房等社会福利（赵紫荆和王天宇，2021）。

除了经济、文化和身份融合之外，心理健康也是流动人口适应新环境的一个关键方面。社会融入反映了外来人口与当地居民在参与社会活动和公共事务中的互动程度（Junger – Tas，2001）。社会融入不足可能导致流动人口的心理压力和焦虑增加（郝晓宁等，2018；Emma et al.，2022；Wright & Stickley，2013）。世界卫生组织（WHO）强调，应从身体、心理和社会层面全面考虑健康问题。因此，提高社会融合有助于促进流动人口的心理健康和社会互动。

流动人口的巨大规模直接关系到社会的稳定与和谐（张琦和李顺强，2023；周皓，2021）。现有研究表明，中国的流动人口在文化认同、社会交往、平等权利等方面面临一定程度的社会隔离而导致心理健康问题（Duan et al.，2013；Yang，2015）。因此，加强流动人口的社会融入是改善流动人口心理健康的重要措施之一。

从理论上讲，城乡居民医疗保险制度的整合有助于推进城乡公共卫生服务的均等化，消除就医和报销的制度障碍，不少流动人口有机会享受到与本地居民同等的医疗保障待遇，从而有可能增强流动人口在流入地的生活质量和归属感。然而，目前关于城乡居民医保整合对流动人口社会融入的研究证据较少，本章将对此问题进行实证检验和深入分析。

9.2　研究方法与数据

9.2.1　模型建立

本章研究从本地居留意愿和融入本地人意愿两个方面衡量流动人口的社会融入，其中本地居留意愿变量根据问卷中的提问"今后一段时间，您是否打算继续留在本地？"进行设定，将回答"是"取值为1，回答"否"或者"没想好"取值为0。融入本地人意愿变量根据问卷中的提问"我很愿意融入本地人当中，成为其中一员"设定，将回答"基本同意"或者"完全同意"取值为1，回答"完全不同意"或者"不同意"取值为0。

考虑到本地居留意愿和融入本地人意愿这两个变量都为二元离散变量，采用 Probit 模型进行回归估计。基本模型设定如下：

$$\Pr(y_i = 1 \mid Policy, Z) = G(\beta_0 + \beta_1 Policy_i + Z_i\delta + \varepsilon) \quad (9-1)$$

式中，y_i 为被解释变量，本章分别代表流动人口的本地居留意愿和融入本地人意愿二元变量。$Policy_i$ 代表流入地是否实施城乡居民医保整合的二元变量，将已实施医保整合政策的地区取值为1，否则取值为0。Z_i 为控制变量，包括年龄、性别、民族、婚姻状态、健康状况、家庭规模、居住地、受教育水平、家庭经济状况、工作类型、流动范围、流动时长，以及地区经济发展水平（人均生产总值）和医疗卫生资源（医院数、每千人床位数、每千人医师数）等信息。ε 为误差项。β_1 是本章重点关注的系数，如果显著大于0，说明城乡居民医保整合显著提高了流动人口社会融入的可能性。$G(\cdot)$ 为非线性方程，假定随机项服从标准正态分布。

虽然流入地是否实施城乡居民医保整合改革对流动人口个人而言是

外生的，但是各个地区在何时进行居民医保整合具有较大的自主选择性。对此，同样采用倾向得分匹配法（PSM）缩小处理组（整合地区的样本）和对照组（未整合地区的样本）的差异，尽可能缩小两组人群之间的系统性差异。

9.2.2　数据来源和描述性统计

本章使用的数据来自 2017 年全国流动人口动态监测调查数据（CMDS）。从表 9－1 匹配前地区变量的描述性统计结果可以看出，经济发展较好、医疗卫生资源配置较充分的地区选择实施居民医保整合的时间相对较早。为了缩小医保整合和未整合地区的样本差异，本章对样本人群在 0.05 卡尺内进行近邻匹配（1∶1），以此降低处理组（受居民医保整合覆盖的样本）和对照组（尚未进行居民医保整合地区的样本）之间的差异。表 9－1 和表 9－2 分别报告了匹配前、后的样本基本信息。可以看出，在匹配前，处理组和对照组在诸多变量上存在显著差异。通过匹配，组间差异显著缩小，仅有个别变量和地区变量存在组间差异，说明匹配效果明显。

表 9－1　　　　　　　　　　描述性统计（匹配前）

变量	对照组均值 （N＝83416）	处理组均值 （N＝47274）	组间差异	t 检验	P 值
本地居留意愿	0.797	0.822	－0.025	－10.76	0.000
融入本地人意愿	0.929	0.918	0.011	7.44	0.000
年龄	37.150	36.400	0.750	11.77	0.000
女性	0.484	0.506	－0.022	－7.73	0.000
汉族	0.892	0.912	－0.020	－11.38	0.000
已婚	0.815	0.822	－0.007	－3.02	0.003
自评健康状况（以健康较差为对照组）					
健康	0.804	0.836	－0.032	－14.41	0.000

续表

变量	对照组均值 （N=83416）	处理组均值 （N=47274）	组间差异	t 检验	P 值
基本健康	0.164	0.137	0.027	13.02	0.000
最近一年有患病（负伤）	0.443	0.514	-0.071	-24.75	0.000
同住家庭成员人数	3.146	3.286	-0.140	-20.28	0.000
居住在城市	0.741	0.658	0.083	31.8	0.000
受教育水平（小学及以下为对照组）					
初中	0.484	0.490	-0.006	-2.12	0.034
高中	0.217	0.203	0.014	5.98	0.000
大学及以上	0.102	0.096	0.006	3.14	0.002
家庭经济水平（最低收入组作为对照组）					
较低收入组	0.194	0.169	0.025	11.39	0.000
较高收入组	0.285	0.332	-0.047	-17.94	0.000
最高收入组	0.173	0.246	-0.073	-31.61	0.000
工作类型（无业为对照组）					
无固定职业	0.025	0.020	0.005	5.81	0.000
国家机关、专业技术人员	0.042	0.043	-0.001	-1.1	0.271
商业、服务人员	0.576	0.501	0.075	26.01	0.000
农林牧渔、生产、建筑运输人员	0.137	0.219	-0.082	-38.45	0.000
其他职业	0.018	0.023	-0.005	-6.22	0.000
流动范围（市内跨县为对照组）					
省内跨市流动	0.333	0.318	0.015	5.72	0.000
跨省流动	0.415	0.594	-0.179	-63.38	0.000
流入时长（以0~3年为对照组）					
4~6年	0.206	0.199	0.007	2.7	0.007
7~9年	0.141	0.135	0.006	3.01	0.003
10年及以上	0.231	0.225	0.006	2.69	0.007
log(市人均生产总值)	10.952	11.318	-0.366	-131.73	0.000
log(市医院数量)	5.370	5.590	-0.220	-50.05	0.000
每千人床位数	6.050	6.921	-0.871	-79.18	0.000
每千人医师数	2.892	3.797	-0.905	-114.27	0.000

注：家庭经济水平根据家庭年人均收入从低到高排序平均分为最低、较低、较高、最高收入组。

表9-2   描述性统计（匹配后）

变量	对照组均值（N=38457）	处理组均值（N=47272）	组间差异	t检验	P值
本地居留意愿	0.810	0.822	-0.012	-4.79	0.000
融入本地人意愿	0.912	0.918	-0.006	-3.21	0.001
年龄	36.799	36.400	0.399	5.55	0.000
女性	0.496	0.506	-0.010	-3.15	0.002
汉族	0.910	0.912	-0.002	-1.15	0.249
已婚	0.830	0.822	0.008	3.28	0.001
自评健康状况（以健康较差为对照组）					
健康	0.830	0.836	-0.006	-2.48	0.013
基本健康	0.142	0.137	0.005	2.2	0.027
最近一年有患病（负伤）	0.541	0.514	0.027	8.48	0.000
同住家庭成员人数	3.357	3.286	0.071	8.99	0.000
居住在城市	0.672	0.658	0.014	4.55	0.000
受教育水平（小学及以下为对照组）					
初中	0.477	0.490	-0.013	-4.11	0.000
高中	0.196	0.203	-0.007	-2.42	0.016
大学及以上	0.087	0.096	-0.009	-4.93	0.000
家庭经济水平（最低收入组作为对照组）					
较低收入组	0.164	0.169	-0.005	-1.89	0.058
较高收入组	0.336	0.332	0.004	1.32	0.188
最高收入组	0.251	0.246	0.005	1.79	0.073
工作类型（无业为对照组）					
无固定职业	0.019	0.020	-0.001	-0.86	0.389
国家机关、专业技术人员	0.035	0.043	-0.008	-6.16	0.000
商业、服务人员	0.474	0.501	-0.027	-8.3	0.000
农林牧渔、生产、建筑运输人员	0.263	0.219	0.044	15.91	0.000
其他职业	0.021	0.023	-0.002	-2.53	0.012
流动范围（市内跨县为对照组）					
省内跨市流动	0.325	0.318	0.007	2.4	0.017
跨省流动	0.594	0.594	0.000	-0.19	0.848

变量	对照组均值 （N = 38457）	处理组均值 （N = 47272）	组间差异	t 检验	P 值
流入时长（以 0～3 年为对照组）					
4～6 年	0.200	0.199	0.001	0.14	0.890
7～9 年	0.140	0.135	0.005	2.56	0.011
10 年及以上	0.221	0.225	−0.004	−1.26	0.209
log（市人均生产总值）	11.343	11.318	0.025	9.03	0.000
log（市医院数量）	5.502	5.590	−0.088	−17.31	0.000
每千人床位数	6.828	6.921	−0.093	−7.52	0.000
每千人医师数	3.651	3.797	−0.146	−15.59	0.000

匹配后的描述性统计结果显示，流动人口样本平均年龄36周岁左右，男女比例比较平衡，82%左右的样本已婚，教育水平以初中为主。在就业类型方面，以商业、服务人员为主，其次是农林牧渔、生产、建筑运输人员。流动范围以跨省流动为主（59%），其次是省内跨市流动（32%左右），市内跨县流动的占比最少，为9%左右。流动人口的流动时长在0～3年、4～6年、7～9年、10年及以上的分别占44%、20%、14%和22%。

在社会融入方面，81%的流动人口表示愿意在流入地长期居住，92%的流动人口愿意融入本地人中，成为其中一员。说明大部分的流动人口的再流动意愿较低，具有较强的城市融入需求。

标准化偏差对比图可直观展示匹配前和匹配后标准化百分比偏差的变化情况，如果匹配后标准化百分比偏差明显缩小，说明匹配效果较好。图9－1显示，在匹配后标准化百分比偏差在处理组和对照组之间显著降低（大部分接近为0），表明匹配在平衡处理组和对照组相关变量的分布方面是有效的（Rosenbaum & Rubin，1985）。因此，可以预期，处理组和对照组的平行趋势假设比匹配前更合理，匹配效果较好。

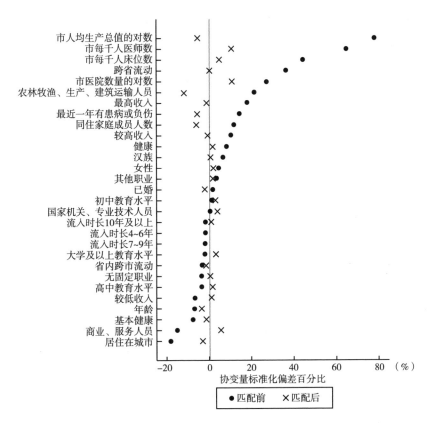

市人均生产总值的对数
市每千人医师数
市每千人床位数
跨省流动
市医院数量的对数
农林牧渔、生产、建筑运输人员
最高收入
最近一年有患病或负伤
同住家庭成员人数
较高收入
健康
汉族
女性
其他职业
已婚
初中教育水平
国家机关、专业技术人员
流入时长10年及以上
流入时长4~6年
流入时长7~9年
大学及以上教育水平
省内跨市流动
无固定职业
高中教育水平
较低收入
年龄
基本健康
商业、服务人员
居住在城市

−20　　　0　　　20　　　40　　　60　　　80　（%）
协变量标准化偏差百分比

● 匹配前　× 匹配后

图 9 - 1　匹配效果示意

9.3　实证结果及分析

9.3.1　医保整合对流动人口社会融入的影响

表 9 - 3 报告了流入地医保整合对流动人口社会融入的影响。列
（1）和列（2）分别是以本地居留意愿和融入本地人意愿为被解释变量
的回归结果。结果显示，流入地城乡居民医保整合改革显著加深了流动
人口继续留在本地的意愿，使他们也更加愿意融入本地人当中，成为其

161

中一员。上述结果都在1%的水平上显著，表明城乡居民医保整合显著促进了流动人口的社会融入感。

表9–3　　　　城乡居民医保整合对流动人口社会融入的影响

项目	（1）本地居留意愿	（2）融入本地人意愿
医保整合	0.011 *** (0.003)	0.008 *** (0.002)
年龄	− 0.001 *** (0.000)	0.001 *** (0.000)
女性	− 0.003 (0.003)	0.006 *** (0.002)
汉族	− 0.017 *** (0.004)	0.000 (0.003)
已婚	0.052 *** (0.005)	0.014 *** (0.003)
自评健康状况（以较差为对照组）		
健康	0.044 *** (0.009)	0.032 *** (0.006)
一般健康	0.005 (0.008)	0.013 *** (0.005)
最近一年有患病（负伤）	0.038 *** (0.003)	− 0.014 *** (0.002)
同住家庭成员人数	0.009 *** (0.001)	− 0.003 *** (0.001)
居住在城市	0.020 *** (0.003)	0.019 *** (0.002)
受教育水平（小学及以下为对照组）		
初中	0.033 *** (0.004)	0.018 *** (0.002)
高中	0.058 *** (0.004)	0.037 *** (0.002)
大学及以上	0.076 *** (0.005)	0.051 *** (0.002)

续表

项目	（1） 本地居留意愿	（2） 融入本地人意愿
家庭经济水平（以年人均收入最低组为对照组）		
较低收入组	0.016 *** （0.004）	0.005 ** （0.003）
较高收入组	0.034 *** （0.003）	0.008 *** （0.002）
最高收入组	0.066 *** （0.004）	0.009 *** （0.003）
工作类型（以没有工作/退休为对照组）		
无固定职业	− 0.038 *** （0.010）	− 0.009 （0.007）
国家机关、专业技术人员	− 0.00379 （0.00770）	− 0.004 （0.005）
商业、服务人员	− 0.021 *** （0.004）	− 0.009 *** （0.003）
农林牧渔、生产、建筑运输人员	− 0.027 *** （0.005）	− 0.038 *** （0.004）
其他职业	− 0.010 （0.010）	− 0.029 *** （0.008）
流动范围（以市内跨县流动为对照组）		
省内跨市流动	− 0.024 *** （0.005）	− 0.010 *** （0.004）
跨省流动	− 0.0606 *** （0.005）	− 0.040 *** （0.003）
流入时长（以 0 ~ 3 年为对照组）		
4 ~ 6 年	0.028 *** （0.003）	0.017 *** （0.002）
7 ~ 9 年	0.040 *** （0.004）	0.023 *** （0.002）
10 年及以上	0.075 *** （0.003）	0.031 *** （0.002）

续表

项目	(1) 本地居留意愿	(2) 融入本地人意愿
log(市人均生产总值)	0.022 *** (0.004)	0.007 ** (0.003)
log(市医院数量)	0.010 *** (0.002)	−0.001 (0.001)
每千人床位数	−0.007 *** (0.001)	−0.001 (0.001)
每千人医师数	0.015 *** (0.002)	0.004 *** (0.001)
地区固定效应	控制	控制
样本量	85729	85729
调整后的 R^2	0.036	0.051

注：回归中已经控制流入地（县市）变量，以控制不随地区变化的无法观测因素的影响。括号内为稳健标准误差，＊、＊＊、＊＊＊分别代表在10%、5%、1%的水平上显著。

其他控制变量的结果显示，已婚、健康状况好、教育和收入水平较高、流动到城市、流入时长越长的流动人口的本地社会融入意愿更强，既倾向于留在本地居住，也更倾向于融入本地人当中。此外，经济发展水平较好、医疗卫生资源相对较好的县市对流动人口的社会融入意愿影响较大，更加吸引流动人口留在本地和成为本地人。

9.3.2　仅针对患病人群的回归结果

在本章研究的流动人口人群中，47%的样本在过去一年患病，39%在过去一年就诊。这些人更可能受到城乡居民医保整合政策影响，他们对医保整合后的城乡居民医保的保障水平更加了解。作为敏感性分析，本章将样本人群按照是否患病、过去一年是否患病就诊进行分样本分析。表9-4的结果显示，虽然对于患病人群和就诊样本，本地融入意愿的回归结果不显著，但是医保整合显著促进了流动人口的本地居留意愿。分样本的研究结果依然支持上文的研究结论。融入本地人的意愿对医保整合改革相对不敏感也在预料之中，因为流动人口是否愿意成为本地的一员受到诸多现实因素的影响，即使医疗保险的参保可及性提高，他们仍可能因为其他制约性社会经济因素而放弃迁往流入地定居，比如户口限制、购房限制等都可能是影响流动人口在心理层面是否愿意成为本地人的重要因素。

表 9 - 4　　　　　　　　　仅针对患病人群的分样本回归结果

分组	样本量	(1)　本地居留意愿	(2)　融入本地人意愿
过去一年患病样本	35516	0.014 *** (0.005)	0.006 (0.004)
过去一年就诊分样本	29435	0.018 *** (0.006)	0.000 (0.004)

注：根据问卷中的提问"最近一年您本人是否有患病（负伤）或身体不适的情况？"识别患病样本。根据问卷中的提问"最近一次患病（负伤）或身体不适时，您首先去哪里看的病/伤？"识别就诊样本。括号内为稳健标准误差。*、**、*** 分别代表在 10%、5%、1% 的水平上显著。其他控制变量同表 9 - 3。

9.3.3　人群异质性检验

为了进一步考察城乡居民医保整合对流动人口社会融入影响的人群异质性，下面分别从性别、年龄、健康、收入水平和流动城市数量五个方面进行分样本回归分析，分别汇总于表 9 - 5。

表 9 - 5　流入地城乡居民医保整合对不同流动人口群体居住意愿的影响

变量	样本量	本地居留意愿	融入本地人意愿
性别分样本			
女	36129	0.006 (0.005)	0.005 * (0.003)
男	35501	0.010 ** (0.005)	0.005 (0.003)

续表

变量	样本量	本地居留意愿	融入本地人意愿
年龄分样本			
青年（30 周岁以下）	21954	0.022 *** (0.007)	0.013 *** (0.005)
中青年（30~49 周岁）	39234	0.011 ** (0.005)	0.004 (0.003)
中老年（50 周岁及以上）	9054	−0.002 (0.011)	0.004 (0.007)
自评健康状况分样本			
健康	59596	0.010 *** (0.004)	0.006 ** (0.003)
基本健康	10073	0.001 (0.010)	0.002 (0.007)
不健康	1998	−0.021 (0.024)	0.018 (0.016)
收入分样本			
最低收入组	19373	0.005 (0.007)	0.003 (0.005)
中等收入组	23034	0.017 *** (0.006)	0.008 ** (0.004)
高收入组	29072	0.005 (0.005)	0.008 ** (0.004)
流动城市数量分样本			
1 个	36586	0.021 *** (0.005)	0.009 *** (0.003)
2 个	19104	0.004 (0.007)	0.008 * (0.005)
3 个	8037	−0.005 (0.010)	−0.001 (0.008)
4 个及以上	7706	−0.008 (0.011)	−0.003 (0.009)

注：*、**、***分别代表在10%、5%、1%的水平上显著，其他控制变量同表9-3。

城乡居民医保整合对男性和女性流动人口的社会融入影响存在性别差异。男性在医保整合后倾向于在流入地长期居住，而女性则更倾向于融入本地社会。这可能是由于男性通常作为家庭经济支柱，更看重长期稳定的医疗保障，从而增强了居住意愿。女性则可能更重视社会网络和社区支持，医保整合提供的医疗便利有助于她们更容易融入本地社区。

城乡居民医保整合显著提高了青年和中青年流动人口群体的社会融入意愿，而对中老年群体的影响不显著。这可能是因为青年和中青年人群市民化需求较高，城乡居民医保整合后，流动人口在流入地的"医保适用性"提高，从而显著增加了其在流入地的居住和融入意愿。相反，中老年人受乡土情结影响较大，多选择返乡（黄敦平和何慧，2020），或因随子女流动，在流入地居住时间较短，不符合流入地的参保资格，从而导致流入地医保整合与否对其影响较小。

在城乡居民医保整合后，健康状况较好的流动人口的社会融入意愿显著增加，而基本健康和不健康群体的社会融入意愿未受显著影响。健康状况较好的流动人口通常更关注长期的医疗福利和生活质量。城乡居民医保整合后，他们能够在流入地享受稳定的医疗服务的可能性增加，从而增强他们的本地居住和融入意愿。而健康状况较差的流动人口可能更依赖原有的医疗网络和家庭支持，因而医保整合对他们的影响较小。

收入分样本的回归结果显示，城乡居民医保整合显著增加了中等收入流动人口的社会融入意愿，而对低收入和高收入流动人口的影响较小。可能的解释是，中等收入群体处于经济上升阶段，他们对医疗保障和生活稳定性有较高需求，医保整合后，他们能够在流入地享受便捷的医疗服务的可能性增加，进一步增强了他们在流入地的居住和融入意愿。低收入群体可能由于经济压力和社会资源不足，对医保整合的反应不显著；而高收入群体则可能已有较为完善的医疗保障配置，对基本医保整合改革的依赖较小。

城乡居民医保整合对流动城市数量不同的流动人口的社会融入影响
也存在显著差异。对于仅流动过一个城市（即问卷当期所在的流入地）
的流动人口，医保整合显著提高其社会融入意愿。这可能是因为这类人
群长期在一个城市生活，对当地的医疗和社会资源依赖度较高，医保整
合带来的便利使他们更愿意留下。随着流动过的城市数量的增加，医保
整合对其社会融入意愿的增加逐渐降低。除了可能与有些工作类型流动
性较强有关之外，频繁更换城市的流动人口难以在单一城市建立长期社
会联系和稳定的医疗关系，医保整合的作用难以显现。

9.3.4　不同统筹层次下的异质性分析

城乡居民医保整合模式根据统筹层次可以分为市级统筹和省级统筹。
市级统筹是将城居保和新农合在市一级进行整合，按照制度政策统一、
基金统收统支、管理服务一体的原则，建立全市统一的城乡居民基本医
疗保险制度。与市级统筹相对应的是省级统筹，即在全省范围实施统一
的基本医疗保险基金预算管理制度。截止到 2020 年，全国共有七个省份
试点实施省级统筹，分别是天津市、重庆市、宁夏回族自治区、上海市、
青海省、北京市和海南省。其中前四个省份在 2016 年及之前完成了省级
统筹，在本章研究中作为省级统筹样本来源。此外，广东省于 2015 年 10
月 28 日全面实现省内异地就医直接结算。江苏省在 2016 年实现了省内
异地就医门诊、住院费用直接结算。虽然广东省和江苏省尚未完成完全
意义的省级统筹，但是对于省内参保人而言，可以省内跨市就医并实现
实时结算，参保人可以享受到近乎省级统筹所带来的医保待遇，在本章
研究中也作为省级统筹样本来源。[①]

---

①　将省级统筹和省级统筹过渡模式下的样本分开进行回归分析，仍然得到一致的结论，即城
乡居民医保省级统筹和省级统筹过渡模式下流动人口的本地居留意愿和融入本地人的意愿都显著高
于市级统筹模式下的流动人口。

表 9 - 6 报告了不同统筹层次的城乡居民医保对流动人口社会融入的影响。结果显示，省级统筹对流动人口本地居留意愿和融入本地人意愿的促进作用都显著大于未整合地区和市级统筹地区。这表明居民医保省级统筹后基金共济能力和抗风险能力将得到提升，同时进一步缓解了医保"属地原则"和流动人口"流动"之间的矛盾。医保统筹层次越高，流动人口受益更加明显。

表 9 - 6　　　　　　　　　　　不同统筹层次的异质性影响

分组	样本量	(1)	(2)
		本地居留意愿	融入本地人意愿
市级统筹 （以未统筹为对照组）	41604	- 0. 005 (0. 005)	- 0. 001 (0. 004)
省级统筹 （以未统筹为对照组）	35870	0. 016 *** (0. 005)	0. 011 *** (0. 003)
省级统筹 （以市级统筹为对照组）	31995	0. 024 *** (0. 006)	0. 019 *** (0. 004)

注：括号内为稳健标准误差，*、**、*** 分别代表在 10%、5%、1% 的水平上显著。其他控制变量同表 9 - 3。

本研究进一步检验了对于跨省流动、省内跨市、市内跨县流动人口，不同统筹层次的医保整合对其异质性影响。表 9 - 7 结果显示，城乡居民医保省级统筹显著提高了跨省流动人群的本地居留意愿和融入本地人意愿，且在 1% 的水平上显著，表明省级统筹主要有益于跨省流动人口。可能的原因是，一方面，采取省级统筹制度的地区在实现医保统一和提高医疗保障水平上的积极实践，良好的医疗保障制度设计更可能吸引跨省流动人口在流入地的融入意愿；另一方面，医保省级统筹地区也更可能积极推动医保跨省间的合作，意味着跨省流动人口将直接受益。

表 9-7   不同统筹层次对不同流动范围人群的异质性影响

分组	样本量	(1) 本地居留意愿	(2) 融入本地人意愿
跨省流动人群			
市级统筹 (以未统筹为对照组)	20479	0.001 (0.008)	0.018*** (0.006)
省级统筹 (以未统筹为对照组)	23542	0.025*** (0.006)	0.010*** (0.004)
省级统筹 (以市级统筹为对照组)	20385	0.036*** (0.009)	0.024*** (0.006)
省内跨市流动人群			
市级统筹 (以未统筹为对照组)	14361	0.017* (0.009)	-0.000 (0.005)
省级统筹 (以未统筹为对照组)	9657	-0.012 (0.010)	-0.003 (0.006)
省级统筹 (以市级统筹为对照组)	9135	-0.018 (0.011)	0.007 (0.007)
市内跨县流动人群			
市级统筹 (以未统筹为对照组)	6041	0.016 (0.014)	0.006 (0.007)
省级统筹 (以未统筹为对照组)	1059	-0.055* (0.032)	0.006 (0.017)
省级统筹 (以市级统筹为对照组)	752	-0.056 (0.056)	0.039* (0.027)

注：括号内为稳健标准误差。*、**、*** 分别代表在 10%、5%、1% 的水平上显著。其他控制变量同表 9-3。

9.4   结论与政策启示

本章使用 2017 年中国流动人口动态检测调查数据，结合计量经济学模型和倾向得分匹配方法，考察了城乡居民医保整合对流动人口在流入地定居意愿和融入本地人意愿的影响。研究结果显示，流入地城乡居民医保整合改革显著促进了流动人口的社会融入意愿，继续留在本地的意愿和融入本地人的意愿都显著增加。分样本的结果显示，城乡居民医保整合对促进30～49周岁中青年、健康、中等收入、流动城市较少的流动人口的社会融入意愿的影响较大。此外，城乡居民医保不同统筹层次对流动人口社会融入的影响也存在明显差异。居民医保的省级统筹对流动人口的社会融入意愿影响最为显著。本章研究结果表明，中国流动人口现阶段的社会融入意愿，或是说本地居住意愿明显受到医疗保障和公共卫生服务的影响。因此，打破公共服务壁垒有助于减少劳动力流动阻力，促进就近城镇化和共同富裕。

本章的研究结果具有一定的政策启示。2018年国家发展改革委提出"新型城镇化"，以加快农业转移人口市民化、提高城市群建设质量、提高城市发展质量、加快推动城乡融合发展、深化城镇化制度改革为主要建设目标和任务。其核心在于实现城乡基础设施一体化和公共服务均等化，促进经济社会发展，实现共同富裕。以城乡居民医保整合为代表的基本公共服务均等化改革，能够起到促进流动人口社会融入的作用，是完善新型城镇化战略的助推剂，最终提升居民福利，促进社会公平。可以预期的是，随着城乡居民医保覆盖面的扩大和统筹层次的提高，上述积极效应将进一步提升。此外，医保政策完善过程中，应该区分流动人口内部的群体差异，更多关注在流入地流入时间较短以及流动频繁的流动人口的医疗保障和生活状况，改善其在流入地的生存发展状况，从而更加有效地提高流动人口的福利效应。

第 10 章　结论和政策建议

自 2016 年初国务院印发《关于整合城乡居民基本医疗保险制度的意见》以来，各地积极探索整合路径，因地制宜制定和实施适合当地发展情况的城乡居民医疗保险制度，将城乡居民纳入同一个基本医疗保险制度框架内，打破多年来国家基本医疗保险城乡分割的局面。由于居民医保整合制度建设仍在探索阶段，各地发展情况也存在较大差异，当前急需整合改革实施效果在全国层面的证据，锚定改革目标和发展原则，完善和优化城乡居民医疗保险制度建设，从而促进我国基本医疗保险制度体系的进一步发展，提高城乡居民的保障水平，扩大居民医保受益人群。本书通过构建评估指标体系检验我国城乡居民基本医疗保险整合对居民医疗服务利用、财务风险保护、身心健康、主观福利感受、贫困风险和公平性的影响，是为数不多的从全国层面提供证据的实证研究，研究结论能够为不断推进的医保整合政策提供数据支持与决策参考。

10.1　城乡居民医保整合改革目标和发展原则

国务院于 2016 年 1 月正式出台《关于整合城乡居民基本医疗保险制度的意见》，明确提出整合新农合和城居保制度，建立统一的城乡居民基本医疗保险制度。该意见提出，城乡居民医保要实现覆盖范围、筹资政策、保障待遇、医保目录、定点管理和基金管理的"六统一"。2019年6月，《关于做好2019年城乡居民基本医疗保障工作的通知》明确要求加快整合力度，于2019年底前实现城居保和新农合制度并轨运行向统一的居民医保制度过渡，在制度政策"六统一"基础上，进一步统一经办服务和信息系统，提高运行质量和效率。在整合实践中，各省、市、县（区）的城乡居民医保整合进度并不一致，其中东部沿海城市、内陆省会城市等地区整合进程最快，统筹水平也较高。截至2023年5月，全国各个省份均已实施城乡居民医保整合政策。

城乡居民医保整合改革的主要目标是建立全民医疗保障体系，实现城乡居民基本医疗保险制度的统一和整合，使其覆盖面更广、保障水平更高、保障内容更全面，提高全民的医疗保障整体水平和质量，进而实现城乡居民公平享有基本医疗保险权益、促进社会公平正义、增进人民福祉。在实现这一目标的过程中，我国城乡居民医保整合改革主要遵循以下基本原则：一是统筹规划、协调发展。把城乡居民医保制度整合纳入全民医保体系发展和深化医改全局，突出"医保、医疗、医药"三医联动，加强制度衔接。制定统一的医疗保障标准，使城乡居民医保制度的保障水平更加均衡，提高医疗保障制度的公平性和可持续性。二是立足基本、保障公平。立足经济社会发展水平、城乡居民负担和基金承受能力，充分考虑并逐步缩小城乡差距和地区差异，保障城乡居民公平享有基本医保待遇。扩大城乡居民医保制度的覆盖面，使更多的人特别是困难群体和特殊人群能够享受到医疗保障。整合城乡居民医保制度，实现城乡两地的医疗保障体制的统一和整合，消除由城乡医保制度分割带来的保障水平差异，实现城乡居民的医疗保障制度平等化。三是因地制宜、有序推进。加强整合前后的衔接，新农合和城居保有序过渡到城乡居民医保，确保居民的基本医保待遇不受影响，确保基金安全和制度运行平稳。四是创新机制、提升效能。坚持管办分开，完善管理运行机制，深入推进支付方式改革。充分发挥市场机制作用，调动社会力量参与基本医保经办服务。

10.2　本书研究结论

本书在系统梳理我国"三保分立"状态下的基本医疗保险制度发展历程和实施效果、城乡居民医保整合改革的政策背景、地区经验和研究进展的基础上，结合全国层面的代表性数据深入研究了城乡居民医保整合改革对城乡居民医疗服务利用、财务风险保护、身心健康、主观福利感受、贫困风险及公平性的影响，以全人群、中老年人群和流动人口为研究对象检验城乡医保整合的福利效应。主要的研究结论总结如下。

10.2.1　城乡居民医保整合改革能够提高农村居民财务风险保护和健康水平

城乡居民医保整合改革统一了城乡居民医保待遇和医保目录，使整体的报销水平提高。与新农合相比，城乡居民医保的统筹层次更高，保障能力更强，整合后农村居民能享受到与城镇居民同等的待遇，看病就医的报销力度与报销范围均有了很大提升，居民看病的经济负担能得到一定程度缓解。

本书利用中国家庭金融调查数据发现，城乡居民医保整合在改善农村居民健康和降低财务风险方面发挥了积极作用。整合后农村居民自评健康好的可能性提高 7.3 个百分点，自付医疗费用占家庭年人均收入比重显著降低，尤其对于农村低收入人群的保护作用更加明显，整合后其自评健康显著提升的同时，自付医疗费用降低 24.5%，医疗负债可能性降低 18 个百分点。此外，城乡医保整合显著降低了参保家庭的贫困脆弱性风险，尤其对于农村家庭、包含 60 周岁以上老年人的家庭、低收入家庭和健康状况较差的家庭而言受益更多，体现了城乡医保整合在降低贫困脆弱性上的"亲弱势人群"的现象。

对于城市居民而言，城乡居民医保整合对其医疗服务利用、财务风险保护及自评健康状况均无显著影响。整体而言，农村居民的健康水平、医疗可及性和经济风险承受能力都较城市居民要差，这也就意味着城乡居民医保整合补齐了以往农村居民在医保待遇、支付方面的短板，有助于缩小城市和农村居民在健康水平和财务风险保护方面的差距，有助于促进城乡居民之间的健康公平。

10.2.2　城乡居民医保整合显著改善农村中老年人群的主观福利感受和心理健康

幸福是人类追求的终极目标，政府部门不断推进深化改革，都是为了切实增强人民群众的获得感、幸福感和安全感。本书利用中国健康与养老追踪调查数据，从福利经济学角度实证分析城乡居民医保整合对居民主观幸福感和心理健康的影响。

关于城乡居民医保整合对居民主观幸福感影响的研究结果表明，城乡居民医保整合显著提高了农村居民的生活满意度，整合后满意度提高了 4.4 个百分点。而且城乡居民医保整合对幸福感的提高作用在 5 年内持续存在，且有逐渐扩大的趋势。医保整合对主观幸福感的提高作用在农村地区的老年人和较低经济水平人群中更加明显。通过作用机制的分析发现，整合显著增加了农村居民的门诊服务利用率，加强了对其财务风险保护，提高了自我报告的健康状况和心理健康，以及对健康的满意度。此外，整合还提高了农村居民留在本地就医的可能性，同时他们更可能选择公立医院就医以享受到更多的医保报销福利。整合带来的上述改善都有助于提高农村居民的主观幸福感。此外，本书认为，城乡居民医保整合制度的改革对个体和社会产生的积极影响是深远的，这不仅表现为医疗服务利用增加、财务风险降低、健康水平改善，以及人群间公平提高，还体现在通过这些方面的改善产生的更大的个体和社会福利效应。另外，城乡居民医保整合对城市居民的主观幸福感影响仍不显著。这可能是因为城乡医保整合前后城市居民的筹资水平、医疗可及性、医疗保障水平等方面没有明显差别，从而导致其主观福利感受的变化也不明显。

关于城乡居民医保整合对居民心理健康影响的研究结果表明，医保整合显著提高了农村居民的心理健康水平。农村成年人的抑郁得分在医保整合后呈现出持续下降的趋势。在作用机制方面，医保整合改革降低了农村居民的自付医疗费用比例，促进了医疗服务利用，这将直接降低参保者对未来支出风险的担忧与焦虑情绪，有益于参保者的主观幸福感。此外，我们还发现农村成年人的社会交往和身体锻炼频率在整合后得到增强，从而进一步改善其心理健康。

10.2.3　城乡居民医保整合改革促进流动人口健康福利效应和社会融入影响显著

本书研究发现，城乡居民医保整合对流动人口的福利效应明显。从政策层面来讲，流动人口是城乡居民医保整合改革直接受益的人群。因为医保整合后医保统筹层次提升，从原来新农合制度下的县级统筹提高到市级统筹，部分地区甚至实现了省级统筹，农村居民流入城市可以享受到城镇居民一样的就医服务、医保报销范围和报销水平。同时城乡居民医保整合打破了跨区域就医和报销障碍，可能提高农村居民的就近城镇化，即在流入城市定居的意愿。目前关于城乡居民医保整合对流动人口影响的相关实证证据较少，对此，本书在全人群研究基础上，从参保积极性、就医选择、流入地居住意愿三个方面分析城乡居民医保整合对流动人口的影响。研究发现，城乡居民医保整合显著提高了流动人口在流入地参保的可能性，降低了其参加户籍地医疗保险的可能性，尤其对男性、未婚、青年和较高学历人群的流入地参保可能性的提高作用更加明显。与此同时，流入地医保整合能够显著提高流动人口选择流入地就医的可能性，增加了他们选择当地社区卫生站的就医可能性，同时降低了选择个体诊所就诊的可能性。这说明当流入地医保能够更好地满足流动人口的医疗保障需求时，他们更倾向于在流入地参保并就医，其医疗服务可及性、便利性和水平质量都得到了提升。

此外，本书还发现，流入地城乡医保整合改革显著促进了流动人口的社会融入意愿，继续留在本地的意愿和融入本地人的意愿都显著增加。从人群来看，30 ~ 49 周岁中青年、健康、中等收入、流动城市较少的流动人口的社会融入意愿受到整合的影响较大。从统筹整合层次来看，居民医保的省级统筹对流动人口的社会融入意愿影响最为显著。因此，不论从参保率、就医可能性，还是本地居住意愿和融入本地人意愿，城乡医保整合均显示出对流动人口的积极影响，这具有重要的现实意义。

10.2.4　城乡医保整合有助于促进社会公平

坚持公平是中国医药卫生体制改革的基本原则之一。医保公平性是城乡居民医保整合改革的重要靶向目标之一，以期通过建立全国统一的医疗保障体系实现城乡居民公平享有基本医疗保险权益，进而促进社会公平正义、增进人民福祉。

本书通过组间差异研究发现，城乡居民医保整合显著提升了农村居民的医疗服务利用与健康水平，降低了财务风险，而上述影响在城市居民中并不明显。由于大部分农村居民在医疗服务利用、健康、经济水平、生活状况等方面都落后于城市居民，本书认为，城乡居民医保整合有助于缩小城乡居民医疗服务利用、财务风险保护和健康之间的差距，有助于降低城乡之间的不公平性。

健康集中指数的研究结果显示，在城乡居民医保整合之前城市和农村居民都存在明显的"亲富人"的健康不公平问题，然而，在医保整合后城乡居民医保在地区层面的健康不公平问题仍然存在。这与医保整合对个人层面健康的影响较小，以及对个人层面住院医疗服务利用无显著影响有直接关系。随着医保整合后城乡居民医保制度的完善带来的医疗保障水平提升和覆盖面扩大，整合政策实施时间的增加，以及居民对新政策有了更好理解和受益，医保整合促进公平的作用可能才会明显显现。

10.3　城乡居民医保政策有待完善之处

我国的城乡居民医保整合改革取得了显著成效，但是目前城乡居民医疗保险制度在保障水平、受益面、统筹层次、缴费机制等方面仍存在一些不足之处，亟须完善。

10.3.1　实际医疗保障水平提升有限，受益人群过窄

城乡居民医保整合改革通过对居民医保药品目录"就宽不就窄"、增加医保定点医院、医保待遇"就高不就低"等设定优化，使参保居民整体的医疗保障水平提高。CHFS数据显示，城乡居民医保整合后地区层面的住院医疗费用报销比例提高了8%，虽然增加幅度不大，但是对改善农村居民心理健康、提升其幸福感等方面作用明显。然而，也可能正是因为整合后医疗保障水平增加幅度有限，对不少弱势群体的保护作用有限，城乡居民医保制度存在受益人群范围过窄的问题。

本书研究发现，城乡居民医保并未显著降低农村中、低收入水平人

群的财务风险水平,对中老年人群、慢病患者的主观幸福感提升也不明显。对于年龄在40~49周岁或70周岁及以上、健康状况较差和经济状况较差人群,医保整合在降低其抑郁症状方面的作用不显著。此外,由于城乡居民医保整合后医疗保障水平与整合前的城居保相比变化较小,城市居民中政策受益群体范围较窄。然而城市中也有不少低收入、健康状况较差的弱势人群,他们也有很强烈的医疗保障需求,同样存在较高的灾难性医疗支出风险。然而,整合后的城乡居民医保对这一部分群体的保护能力较弱。在流动人口群体中,城乡居民医保整合也未对较低文化水平的中老年人的参保可能性产生显著影响。

此外,我们发现在流动人口参保方面,目前大部分未被城职保覆盖的流动人口主要参加户籍地的医疗保险,在流入地参加居民保险的比例很低,未参加任何医疗保险的人群比例接近10%,反映出整合后流动人口参加流入地医疗保险的积极性有待提高。

10.3.2　整合改革对门诊慢病覆盖范围偏低

随着人口老龄化进程不断加快,居民生活方式、生态环境等对健康的影响逐步显现,慢性病发病、患病和死亡人数持续增多。国家卫生健康委数据显示,中国患有心脑血管疾病、癌症、糖尿病、慢性呼吸系统疾病等慢性病的老年人已经超过1.8亿人,同时患有两种甚至以上的慢性病的人群比例很高。大部分慢性病患者需要长期就医和长期用药,甚至需要终身服药,给个人和家庭带来了很大的经济负担并影响了其生活质量,他们是需要国家基本医疗保障制度重点关注的人群之一。我们发现城乡居民医保整合显著提升了农村和城市无慢性病居民的幸福感,但是对慢性病患者的主观幸福感没有显著影响。这可能反映出医保整合后城乡居民医保在慢病保障水平、保障范围和相关配套政策方面仍有改善的空间。

10.3.3 整合模式不统一

目前多数省份内部存在多种整合模式并存的情况，导致同一省份的不同地区之间待遇差异较大。各地在医保整合过程中因地制宜，提出了"一制一档""一制多档""按年龄段缴费"等多种筹资方式。"一制多档"模式下参保居民发生灾难性医疗支出的风险降低，为健康状况较差人群提供了更好的财务保护作用。但是"一制多档"模式可能导致低收入群体通常选择较低的缴费档次，高收入的家庭往往选择更高的缴费档次，从而导致低收入家庭更难以承担重大疾病医疗支出，因病致贫风险增加并扩大健康不公平。此外，"一制多档"模式可能助推逆向选择行为和道德风险。健康风险越高的人群更倾向于参与较高档次的居民医保，这将影响医保基金的财务可持续性；与此同时，参加较高档次的居民面对较低的医疗价格，可能使用更多的医疗服务或选择更高等级的医疗机构就医。因此，在整体上增加就医次数和医疗保险的报销费用，从而增加医疗保险基金的支出负担。除此之外，城乡居民基本医疗保险实行财政补助和个人缴费相结合的参保缴费模式，并体现财政资金与个人缴费同向流动的原则，选择更高档次缴费的城乡居民能够获得更多的财政补助。这一逆向补贴的方式能够鼓励城乡居民参加更高档次的缴费，但会增加收入分配不公平和健康不公平。虽然"一制多档"模式是不错的过渡模式，但是仍需要加快统一为"一制一档"模式。

10.3.4 居民医保统筹层次偏低

到 2024 年底，已有部分省（自治区、直辖市）实施了居民医保省级统筹试点，比如海南、宁夏、福建、青海、天津、上海等。省级统筹意味着参保者在这些地区内流动不影响其在医保定点医疗机构的就医和医保报销，但是不少地区仍然处于市级统筹水平，对改善流动人口就医和报销状况的作用较小。比如对于省外流动人口而言，城乡居民医保整合改革对其医疗服务和健康的影响作用有限。统筹层次较低必然造成医保基金运行效率降低，医疗保障功能较弱、共济能力难以发挥等问题。与此同时，统筹层次较低对流动人口的流动、参保、就医选择、流入地居住意愿等方面都将产生负面影响。由于流动人口流动性较强，工作具有短暂性和不稳定性，并且工作和生活环境较差，更容易面临健康问题，他们是医疗保障需要重点覆盖的人群。此外，大量流动人口存在跨省流动需求，医保县市级统筹可能使流动人口仍然面临正常流动受限、返乡就医困难、流入地医保不适用等问题。因此，户籍分割的社会医疗保险参保模式会导致制度"属地性"和参保对象"流动性"的矛盾，其已经不适应劳动力快速流动的需要，也不利于真正建成覆盖全民的医疗保险体制。从长期来看，在全国范围建立统一的基本医疗保险制度才是解决问题的根本途径。但是建立全国统一的医保制度任重而道远，由于地区间社会经济发展水平和医疗消费水平差异较大，加之各级管理机构的职能和资源配置存在显著不同，目前实现全国范围内的统筹仍然存在巨大难度。

10.4　完善和优化城乡居民医保制度的建议和思考

10.4.1　进一步提升医疗保障水平和扩大受益人群

针对城乡居民医保实际医疗保障水平提升幅度较小的问题，仍需要从政府和居民两方面提高城乡居民医保的筹资水平。首先，建立可持续的筹资机制，明确居民和地方政府贡献，提高筹资稳定性和规范性；其次，各级政府应该扩大资金支持，提高资金水平，并适当提高个人对居民医保基金的贡献，以使其可持续发展；最后，通过实行强制性全民参保政策，将其纳入社会保障体系，以更好地适应中国快速老龄化的人口和不断提高的医疗需求，同时避免逆向选择风险，防范因病致贫现象的发生。

城乡居民医保整合后医疗保障水平与整合前的城居保相比变化较小，城市居民中政策受益群体范围较窄，在政策制定上对弱势群体的倾斜力度可能需要进一步提升。因为城市老年群体中也有不少老年人处于相对弱势的状态，比如退休保障较低、健康状况较差，他们也需要更高的社会保障水平，然而在城乡居民医保整合后他们未能从新政中更多受益。因此在城乡居民医保新政制定中应尽可能避免搞"一刀切"，在整合统一的同时兼顾存在医疗服务特殊需求的群体，在筹资、门诊和住院待遇、慢性病就诊方面更好地满足老年群体的医疗需求，切实提高和改善其医疗保障水平。

在流动人口参保方面，一方面，需要加强对流动人口健康及参保重要性等知识的宣传教育，改变流动人口的就医与参保理念，充分利用政府官网、官方媒体、社区宣传等线上线下渠道，多途径、多角度对医保整合政策进行解读、宣传，引导人们参加城乡居民医疗保险，提高流动人口参加医疗保险的意识，鼓励其在流入地参与城乡居民医保。另一方面，有条件的地区应该完善和扩大居民医保参保范围，逐步放开流动人口在流入地参加医疗保险的户籍限制，将其纳入当地居民医保参保范畴统一管理，保障其基本的医疗和健康需求，引导和组织流动人口积极参加城乡居民医保，有条件的可参加城职保，从而补齐流动人口的社会保障短板，切实提高他们的社会保障待遇，提高其融入城市的能力，促进社会公平。

10.4.2 加强慢性病门诊保障力度

除了推动老龄事业发展和养老服务体系规划之外，建议相关部门在医疗保障制度完善中，根据慢性病患者的用药需求和就医需求设计更有针对性的医保制度，扩大慢病用药报销范围，并提供与慢性病相关的预防服务包，使慢病患者更多受益于城乡居民医保新政。鉴于大部分慢性病以门诊治疗为主，扩大居民医保覆盖的慢性病范围，加强居民慢性病门诊保障力度，科学制定特殊病种的补偿比例，并且适当提高门诊慢性病和门诊特定项目患者的年度报销额度，使基本医疗保险能够满足患者特殊疾病的需求。

除此之外，加强居民医保和基本公共卫生服务的衔接，通过积极促进基本公共卫生服务发展，提高高血压、糖尿病等慢性病管理服务水平，促进和扩大家庭医生签约服务计划，以提高慢性病患者的医疗服务获取能力。同样，加强居民医保和医疗救治等社会保障制度的衔接，精准识别医疗救助对象，重点识别患有严重慢性疾病的特困人群、高龄老年人、残疾人、低收入农村居民，加大对这些弱势群体的政策支持力度，以缩小人群间的健康不平等。

10.4.3 加快实行统一的缴费和报销模式

虽然"一制多档"模式的优势较为明显，参保者可以自由选择适合自身情况的档位缴纳和享受医保待遇，能够有效降低健康劣势人群发生医疗负债和灾难性医疗支出的风险，但是该模式存在一些"先天不足"的问题，比如容易导致医保的逆向选择和道德风险问题。因此，仍然需要加快实行"一制一档"的统一缴费和报销制度。一方面，整体提高统一缴费模式下的缴费水平；另一方面考虑到弱势人群的缴费能力有限，政府可以对弱势群体实行少缴费或不缴费的政策倾斜，针对不同地区和不同群体的经济发展水平，实行不同的政府补贴政策，从而更好地保障弱势群体的权益，降低其经济负担。此外，通过加强医疗机构监管、规范医院操作流程，有效提高医保基金的使用效率，确保统一缴费模式下医保基金的安全。可以通过引入第三方付费人，对居民进行广泛宣传教育、规范用药、控制医疗费用，以降低统一缴费模式下的基金压力。

10.4.4　提高居民医保统筹层次

较低的医疗保险统筹层次既影响医疗保险的制度扩面工作，降低不同群体的制度受益公平性，也会提高医疗保险管理的交易成本。因此，提高基本医疗保险的统筹层次是我国社会医疗保险改革的重点方向之一。这要求逐步开展医疗保险省级统筹试点工作，总结已有实践过程中的经验和困境，细化各地的进程表，积极探索适应各地实际情况的实施路径，分阶段实现市级、省级乃至全国统筹，强化医保制度的公平性，逐步建立覆盖全民的统一的社会基本医疗保险制度，促进全民健康和医疗服务利用平等。目前各统筹地区基本已经做实了市级统筹，实现由"风险调剂金"模式向"统收统支"模式的过渡。但是由于地区间差异较大、省市间财政责任划分不清等原因，医保省级统筹进程缓慢，难以充分发挥居民医保省级统筹的福利效应。因此，在提高居民医保统筹层次的过程中，先推行省级统筹"调剂金"模式，建立医保基金区域风险调剂机制，实现分级管理和责任分担，再逐步向"统收统支"模式过渡，最终做实城乡居民医保省级统筹，并为实现全国统筹打下坚实的基础。

为了更好地发挥医保制度作用和促进社会公平，各个地方积极探索提高医保统筹层次的同时，优化基本医保的跨省异地结算范围也很重要。加快建设完善全国统一的医疗保障信息平台，在短期内能够缓解流动人口的"流动"和医保"属地原则"之间的矛盾，降低因为医保统筹层次低导致的社会福利损失。国务院已经将"门诊费用跨省直接结算"列入政务服务跨省通办的服务事项之中，这将有效帮助解决流动人口的工作生活问题。随着流动人口规模的扩大，很多老年人也随子女流入到新的城市生活，很多患有慢性病的老年人需要持续的门诊就医，但是他们的医疗保险仍在户籍地，导致其在流入地面临高额的医疗费用负担，很可能因此放弃有效及时的治疗而严重影响身心健康。因此门诊医疗费用直接结算能够有效缓解流动人口家庭的医疗保障问题，提高流动人口的健康水平，增加流动人口家庭在新城市居住和工作的安全感和幸福感。

综上所述，城乡居民医保整合制度改革已初显成效，本书在全国层面给出了相应证据。城乡居民医保整合显著提高了农村居民的医疗服务利用和财务风险保护水平，也显著改善了其自评健康状况，并且在一定程度上提高了农村居民的主观幸福感。同时也发现目前医保整合政策仍然需要完善的地方，比如需要进一步提高城乡居民医保的医疗保障水平，巩固脱贫成果，更好地与大病医保、医疗救助等其他社会保障制度衔接。与此同时，还应当继续大力推动医保统筹层次的提高，积极稳妥地推动省级统筹，扩大受益人群。在推进城乡居民医保整合政策的同时，完善基层医疗卫生服务，补充基层医疗服务资源，增设跨省异地就医定点医院，完善异地就医信息管理服务等配套措施，提供流动人口在异地就医的软件、硬件基础设施，从而将缩小医疗服务资源差距与推进城乡医保整合政策同步进行，以进一步促进城乡居民医疗服务利用公平正义，降低地区之间发展不平衡不充分的问题，提高流动人口的实际医疗保障水平和市民化程度。此外应该更多关注慢性病患者、老年人、流动人口以及城市中的弱势群体，在政策制定中更多向弱势群体倾斜，以更好地实现城乡居民共享基本医疗保险权益，实现公平和效率目标，增进人民福祉，推动"2030 健康中国"建设目标的达成以及我国医疗保障体系与保障能力的现代化。

参 考 文 献

[1] 阿马蒂亚·森. 贫困与饥荒 [M]. 王宇, 王文玉, 译. 北京: 商务印书馆, 2001.

[2] 常雪, 苏群, 周春芳. 城乡医保统筹对居民健康的影响 [J]. 中国人口科学, 2018 (6): 103 - 114.

[3] 程晗蓓, 田明, 李志刚. 转型期中国城市多维度社会融入对流动人口健康的影响研究 [J]. 现代城市研究, 2021 (12): 96 - 102, 124.

[4] 樊丽明, 解垩. 公共转移支付减少了贫困脆弱性吗? [J]. 经济研究, 2014, 49 (8): 67 - 78.

[5] 范红丽, 王英成, 亓锐. 城乡统筹医保与健康实质公平——跨越农村 "健康贫困" 陷阱 [J]. 中国农村经济, 2021 (4): 69 - 84.

[6] 顾海. 中国统筹城乡医疗保障制度模式与路径选择 [J]. 学海, 2014 (1): 45 - 51.

[7] 郝晓宁, 孙继艳, 薄涛. 社会融合对流动人口心理健康影响的研究——基于 2014 年全国流动人口动态监测数据的检验 [J]. 人口与发展, 2018, 24 (4): 14 - 23.

[8] 胡善联. 中国卫生改革与发展蓝图的构想 [J]. 中国卫生经济, 2006 (8): 5 - 7.

[9] 黄敦平, 何慧. 流动人口城市居留意愿的微观决策分析——基于 CMDS 2016 数据的实证研究 [J]. 东北农业大学学报 (社会科学版),

2020，18（6）：1－8.

［10］蒋丽丽．贫困脆弱性理论与政策研究新进展［J］．经济学动态，2017（6）：96－108.

［11］蒋云赟，刘剑．我国统筹医疗保险体系的财政承受能力研究［J］．财经研究，2015，41（12）：4－14.

［12］李亚青．社会医疗保险财政补贴增长及可持续性研究：以医保制度整合为背景［J］．公共管理学报，2015（1）：70－83.

［13］李长远．统筹城乡医疗保障制度的典型实践模式及优化策略［J］．社会保障研究，2015（3）：15－20.

［14］刘冬梅，王晖，龚双燕，刘鸿雁，陈佳鹏．中国流动人口重复参加基本医疗保险现状及影响因素［J］．中国公共卫生，2016，32（1）：62－65.

［15］刘蕾，许萍．流动人口医疗保险参保现状及影响因素分析［J］．中国卫生经济，2020（3）：31－36.

［16］刘志军，王宏．流动人口医保参保率影响因素研究——基于全国流动人口动态监测数据的分析［J］．浙江大学学报（人文社会科学版），2014，44（5）：161－174.

［17］刘子宁，郑伟，贾若，景鹏．医疗保险、健康异质性与精准脱贫——基于贫困脆弱性的分析［J］．金融研究，2019（5）：56－75.

［18］陆杰华，陈炫齐．社会生态适应模型下农民工的社会融入再探究——基于CGSS2021的检验［J］．南方人口，2024，39（3）：1－13.

［19］马超，顾海，李佳佳．我国医疗保健的城乡分割问题研究——来自反事实分析的证据［J］．经济学家，2012（12）：57－66.

［20］马超，宋泽，顾海．医保统筹对医疗服务公平利用的政策效果研究［J］．中国人口科学，2016（1）：108－117，128.

［21］马超，赵广川，顾海．城乡医保一体化制度对农村居民就医行为的影响［J］．统计研究，2016，33（4）：78－85.

[22] 马双，臧文斌，甘犁．新型农村合作医疗保险对农村居民食物消费的影响分析 [J]．经济学（季刊），2011，10（1）：249 – 270.

[23] 孟颖颖，王静，张孝栋．城乡居民医保整合对农民工城市融合的影响——基于 2017 年全国流动人口动态监测调查数据 [J]．决策与信息，2020（8）：43 – 53.

[24] 潘杰，雷晓燕，刘国恩．医疗保险促进健康吗？基于中国城镇居民基本医疗保险的实证分析 [J]．经济研究，2013，48（4）：130 – 142，156.

[25] 秦立建，陈波．医疗保险对农民工城市融入的影响分析 [J]．管理世界，2014（10）：91 – 99.

[26] 秦雪征，郑直．新农合对农村劳动力迁移的影响：基于全国性面板数据的分析 [J]．中国农村经济，2011（10）：52 – 63，76.

[27] 仇雨临，冉晓醒．灵活就业人员医保参保之"困" [J]．中国医疗保险，2020（1）：6 – 8，12.

[28] 仇雨临，吴伟．城乡医疗保险制度整合发展：现状、问题与展望 [J]．东岳论丛，2016，37（10）：30 – 36.

[29] 仇雨临，翟绍果，郝佳．城乡医疗保障的统筹发展研究：理论、实证与对策 [J]．中国软科学，2011（4）：75 – 87.

[30] 申曙光，侯小娟．我国社会医疗保险制度的"碎片化"与制度整合目标 [J]．广东社会科学，2012（3）：19 – 25.

[31] 申曙光．全民基本医疗保险制度整合的理论思考与路径构想 [J]．学海，2014（1）：52 – 58.

[32] 孙淑云．顶层设计城乡医保制度：自上而下有效实施整合 [J]．中国农村观察，2015（3）：16 – 23.

[33] 唐昌敏，付晓，张霄艳，等．城乡居民医疗保险制度整合的必要性和可行路径分析 [J]．中国卫生经济，2016，35（5）：38 – 40.

[34] 万广华，刘飞，章元．资产视角下的贫困脆弱性分解：基于

中国农户面板数据的经验分析 [J]. 中国农村经济, 2014 (4): 4 – 19.

[35] 汪德华, 张琼. 公共医疗保险与居民医疗负担——全球视野下的中国"全民医保"[J]. 南京大学学报 (哲学·人文科学·社会科学), 2008, 45 (6): 30 – 39, 138 – 139.

[36] 王超群. 中国基本医疗保险的实际参保率及其分布特征: 基于多源数据的分析 [J]. 社会保障评论, 2020 (4): 67 – 84.

[37] 王海平, 洪灏琪, 宁满秀. 城乡居民医保整合缓解农村中老年人的贫困脆弱性吗 [J]. 农业技术经济, 2023 (7): 19 – 34.

[38] 王亨, 李佳佳, 徐凌忠. 流动人口医疗保险参保影响因素分析 [J]. 山东大学学报 (医学版), 2015, 53 (12): 90 – 93.

[39] 王红漫. 中国城乡统筹医疗保障制度理论与实证研究 [J]. 北京大学学报 (哲学社会科学版), 2013 (5): 152 – 158.

[40] 吴春艳, 李亚子, 沈春平, 等. 整合城乡居民医疗保险制度研究: 以浙江省嘉兴市为例 [J]. 中国卫生经济, 2016, 35 (5): 41 – 44.

[41] 吴联灿, 申曙光. 新型农村合作医疗制度对农民健康影响的实证研究 [J]. 保险研究, 2010 (6): 60 – 68.

[42] 吴少龙, 凌莉. 流动人口医疗保障的三大问题 [J]. 中国卫生政策研究, 2012, 5 (6): 30 – 36.

[43] 肖严华. 劳动力市场、社会保障制度的多重分割与中国的人口流动 [J]. 学术月刊, 2016 (11): 95 – 107.

[44] 熊先军, 孟伟, 严霄, 高星星. 医保城乡统筹的路径走势——统筹城乡基本医疗保险制度与管理系列之一 [J]. 中国社会保障, 2011 (6): 73 – 75.

[45] 徐玲, 简伟研. 中国基本医疗保障制度受益公平性的实证研究 [J]. 医学与社会, 2010, 23 (11): 45 – 47.

[46] 杨菊华. 中国流动人口的社会融入研究 [J]. 中国社会科学,

2015（2）：61－79，203－204.

　　［47］殷俊，陈天红．中国城镇居民医疗保险和新型农村合作医疗衔接路径探讨——基于湖北省武汉市的实证分析［J］．社会保障研究，2012（3）：11－18.

　　［48］袁国敏，陈鑫．创新制度范式：构建我国统一的全民医疗保险制度的理论思考［J］．西部学刊，2016（1）：66－70.

　　［49］臧文斌，刘国恩，徐菲，等．中国城镇居民基本医疗保险对家庭消费的影响［J］．经济研究，2012，47（7）：75－85.

　　［50］张琦，李顺强．共同富裕目标下的新型城镇化战略［J］．西安交通大学学报（社会科学版），2023，43（4）：1－10.

　　［51］张毓辉，翟铁民，魏强，等．个人卫生支出比重与居民医疗经济负担关系的案例研究［J］．卫生经济研究，2011（6）：18－21.

　　［52］张仲芳．精准扶贫政策背景下医疗保障反贫困研究［J］．探索，2017（2）：81－85.

　　［53］赵绍阳，臧文斌，傅十和，刘国恩．强制医保制度下无保险人群的健康状况研究［J］．经济研究，2013，48（7）：118－131.

　　［54］赵紫荆，王天宇．城乡居民医保整合对农村居民城市定居意愿的影响——来自中国劳动力动态追踪调查的证据［J］．保险研究，2021（12）：97－119.

　　［55］郑秉文．改革开放30年中国流动人口社会保障的发展与挑战［J］．中国人口科学，2008（5）：2－17，95.

　　［56］郑秉文．中国社保"碎片化制度"危害与"碎片化冲动"探源［J］．甘肃社会科学，2009（3）：50－58.

　　［57］郑超，王新军，孙强．城乡医保统筹政策、居民健康及其健康不平等研究［J］．南开经济研究，2021（4）：234－256.

　　［58］郑功成．全民医保要从形式普惠走向实质公平［J］．中国医疗保险，2015（3）：7.

［59］郑功成．中国医疗保障改革与发展战略——病有所医及其发展路径［J］．东岳论丛，2010，31（10）：11－17.

［60］周皓．中国人口流动模式的稳定性及启示——基于第七次全国人口普查公报数据的思考［J］．中国人口科学，2021（3）：28－41，126－127.

［61］周坚，周志凯，何敏．基本医疗保险减轻了农村老年人口贫困吗——从新农合到城乡居民医保［J］．社会保障研究，2019（3）：33－45.

［62］周钦，刘国恩．健康冲击：现行医疗保险制度究竟发挥了什么作用？［J］．经济评论，2014（6）：78－90.

［63］周钦，刘国恩．医保受益性的户籍差异——基于本地户籍人口和流动人口的研究［J］．南开经济研究，2016（1）：77－94.

［64］周钦，秦雪征，袁燕．农民工的实际医疗服务可及性——基于北京市农民工的专项调研［J］．保险研究，2013（9）：112－119.

［65］朱虹，刘兰茹，宋安琪，等．全民医保新常态发展形势下的医保制度公平性研究［J］．中国卫生事业管理，2016，33（7）：512－514，534.

［66］Andresen E M, Malmgren J A, Carter W B, Patrick D L Screening for depression in well older adults: Evaluation of a short form of the CES－D［J］．American Journal of Preventive Medicine, 1994, 10 (2): 77－84.

［67］Ara I, Zehravi M, Maqbool M, Gani I. A review of recent developments and future challenges in the implementation of universal health coverage policy framework in some countries［J］．Journal of Pharmaceutical Research and Reports, 2022, 26 (1): 42－50.

［68］Argys L M, Friedson A I, Pitts M M, Tello-Trillo D S. Losing public health insurance: TennCare disenrollment and personal financial distress［J］．Journal of Public Economics, 2020 (187): 1－18.

［69］ Arrow K J. Uncertainty and the welfare economics of medical care ［J］. The American Economic Review, 1963 (53): 941 – 973.

［70］ Atella V, Rosati F C, Rossi M. Precautionary saving and health risk: evidence from Italian households using a time series of cross sections ［J］. Social Science Electronic Publishing, 2005, 96 (3): 113 – 132.

［71］ Austin P C. A comparison of 12 algorithms for matching on the propensityscore ［J］. Statistics in Medicine, 2014, 33 (6): 1057 – 1069.

［72］ Baicker K. The Oregon health insurance experiment: evidence from the first year ［J］. The Quarterly Journal of Economics, 2012, 127 (3): 1057 – 1106.

［73］ Barnes K, Mukherji A, Mullen P, Sood N. Financial risk protection from social health insurance ［J］. Journal of Health Economics, 2017 (55): 14 – 29.

［74］ Borgschulte M, Vogler J. Did the ACA Medicaid expansion save lives? ［J］. Journal of Health Economics, 2020 (72): 1 – 17.

［75］ Busse R. Risk structure compensation in Germany's statutory health insurance ［J］. The European Journal of Public Health, 2001, 11 (2): 174 – 177.

［76］ Chaudhuri S, Jalan J, Suryahadi A. Assessing household vulnerability to poverty from cross-sectional data: a methodology and estimates from Indonesia ［J］. World, 2002, 52 (4): 36.

［77］ Chen J, Chen S, Landry P F, Davis D S. How dynamics of urbanization affect physical and mental health in Urban China ［J］. China Quarterly, 2014 (220): 988 – 1011.

［78］ Chiwala L S, Witt R, Waibel H. An asset-based approach to vulnerability: the case of small-scale fishing areas in Cameroon and Nigeria ［J］. Journal of Development Studies, 2001, 47 (2): 338 – 353.

［79］ Dercon S, Krishnan P. Vulnerability, seasonality and poverty in Ethiopia ［J］. Journal of Development Studies, 2000, 36 (6): 25 –53.

［80］ Dong L, Kübler D. Government performance, political trust, and citizen subjective well-being: evidence from rural China ［J］. Global Public Policy and Governance, 2021 (1): 383 –400.

［81］ Dong S, Fu W, Yu Z, Li J. Can decreased cost-sharing reduce the vulnerability of sick families to poverty? An analysis of the multi-level social health insurance scheme inChina ［J］. Health Policy and Planning, 2023, 38 (1): 74 –82.

［82］ Duan C R, Lv L D, Zou X J. Major problems and countermeasures faced by China's floating population at present – An analysis based on data from the Sixth National Census in 2010 ［J］. Population Research, 2013 (2): 51 –61.

［83］ Eggleston K. Health care for 1. 3 billion: an overview of China's healthsystem ［D］. Stanford Asia Health Policy Program Working Paper No. 28, Stanford University, 2012.

［84］ Fan H, Yan Q, Coyte P C, Yu W. Does public health insurance coverage lead to better health outcomes? Evidence from Chinese adults ［J］. Health Care Organization, Provision, and Financing, 2019 (56): 46958019842000.

［85］ Fang H, Eggleston K, Hanson K, Wu M. Enhancing financial protection under China's social health insurance to achieve universal health coverage ［J］. British Medical Journal, 2019 (365): l2378.

［86］ Finkelstein A, Taubman S, Wright B, et al. The Oregon health insurance experiment: evidence from the first year ［J］. The Quarterly Journal of Economics, 2012, 127 (3): 1057 –1106.

［87］ Fu R, Wang Y, Bao H, Wang Z, Li Y, Su S, Liu M. Trend of urban-rural disparities in hospital admissions and medical expenditure in China from 2003 to 2011 [J]. PLoS One, 2014, 9 (9): e108571.

[88] Fu W, Zhao S, Zhang Y, Chai P, Goss J. Research in health policy making in China: Out-of-pocket payments in Healthy China 2030 [J]. British Medical Journal, 2018 (360): k234.

[89] Gakidou E, Lozano R, González-Pier E, et al. Assessing the effect of the 2001 – 06 Mexican health reform: an interim report card [J]. The Lancet, 2006, 368 (9550): 1920 – 1935.

[90] Gan L, Yin Z, Tan J. Report on the Development of Household Finance in Rural China (2014) [M]. Singapore: Springer, 2016.

[91] Giedion U, Alfonso E A, Diaz Y. The impact of universal coverage schemes in the developing world: a review of the existing evidence [R]. The World Bank, 2013.

[92] Heckman J J, Ichimura H, Todd P E. Matching as an econometric evaluation estimator: evidence from evaluating a job training programme [J]. The Review of Economic Studies, 1997, 64 (4): 605 – 654.

[93] Heckman J. Sample selection bias as a specification error [J]. Econometrica, 1979 (47): 153 – 161.

[94] Hu J, Cheung C K J. Social identity and social integration: a meta-analysis exploring the relationship between social identity and social integration [J]. Front. Psychol, 2024 (15): 1361163.

[95] Huang X, Wu B X. Impact of urban-rural health insurance integration on health care: evidence from rural China [J]. China Economic Review, 2020 (64): 1 – 15.

[96] Huang Y, Wang Y U, Wang H, et al. Prevalence of mental disorders in China: a cross-sectional epidemiological study [J]. The Lancet Psychiatry, 2019, 6 (3): 211 – 224.

[97] Junger-Tas J. Ethnic minorities, social integration and crime [J].

European Journal on Criminal Policy and Research, 2001 (9): 5 − 29.

[98] Kim S, Koh K. Health insurance and subjective well-being: evidence from two healthcare reforms in the United States [J]. Health Economics, 2022 (31): 233 − 249.

[99] Kondo A, Shigeoka H. Effects of universal health insurance on health care utilization, and supply-side responses: evidence from Japan [J]. Journal of Public Economics, 2013 (99): 1 − 23.

[100] Kuppens E, Broek TVD. Social integration and mental health of somali refugees in the Netherlands: the role of perceived discrimination [J]. BMC Public Health, 2022, 22 (1): 2223.

[101] Kwon S. Healthcare financing reform and the new single payer system in the Republic of Korea: social solidarity or efficiency? [J]. International Social Security Review, 2003, 56 (1): 75 − 94.

[102] Lagomarsino G, Garabrant A, Adyas A, Muga R, Otoo N. Moving towards universal health coverage: Health insurance reforms in nine developing countries in Africa and Asia [J]. The Lancet, 2012, 380 (9845): 933 − 943.

[103] Lei X, Lin W. The New Cooperative Medical Scheme in rural China: Does more coverage mean more service and better health? [J]. Health Economics, 2009, 18 (S2): 25 − 46.

[104] Li C, Tang C, Wang H. Effects of health insurance integration on health care utilization and its equity among the mid-aged and elderly: evidence from China [J]. International Journal for Equity in Health, 2019, 18 (1): 1 − 12.

[105] Li Y, Li L, Liu J. The efficient moral hazard effect of health insurance: Evidence from the consolidation of urban and rural resident health insurance in China [J]. Social Science & Medicine, 2023: 115884.

[106] Li Y, Wu, Q, Xu L, et al. Factors affecting catastrophic health expenditure and impoverishment from medical expenses in China: Policy implications of universal health insurance [J]. Bulletin of the World Health Organization, 2012, 90 (9): 664 –671.

[107] Liang L, Langenbrunner J C. The long march to universal coverage: lessons from China [R]. Universal Health Coverage (UNICO) studies series No. 9, World Bank, Washington, DC, 2013.

[108] Ligon E, Schechter L. Measuring Vulnerability [J]. Economic Journal, 2003, 113 (486): 95 –102.

[109] Lin W, Liu G G, Chen G. The Urban Resident Basic Medical Insurance: a landmark reform towards universal coverage in China [J]. Health Economics, 2009, 18 (2): S83 –S96.

[110] Liu G G, Vortherms S A, Hong X. China's health reform update [J]. Annual Review of Public Health, 2017, 38 (1): 431 –448.

[111] Liu P, Guo, W, Liu, H, et al. The integration of urban and rural medical insurance to reduce the rural medical burden in China: a case study of a county in Baoji City [J]. BMC Health Service Research, 2018, 18 (1): 796.

[112] Lu J, Xu X, Huang Y, et al. Prevalence of depressive disorders and treatment in China: a cross-sectional epidemiological study [J]. The Lancet Psychiatry, 2021, 8 (11): 981 –990.

[113] Lu Y, Shi J, Yang W. Expenditure response to health insurance-policies: evidence from kinks in rural China [J]. Journal of Public Economics, 2019 (178): 104049.

[114] Meng Q, Fang H, Liu X, Yuan B, Xu J. Consolidating the social health insurance schemes in China: towards an equitable and efficient health system [J]. The Lancet, 2015, 386 (10002): 1484 –1492.

[115] Meng Q, Mills A, Wang L, Han, Q. What can we learn from China's health system reform? [J] British Medical Journal, 2019 (365): l2349.

[116] Meng Q, Xu L, Zhang Y, Qian J, Cai M, Xin Y, Barber, S. L. Trends in access to health services and financial protection in China between 2003 and 2011: a cross-sectional study [J]. The Lancet, 2012, 379 (9818): 805 - 814.

[117] Miilunpalo S, Vuori I, Oja P, Pasanen M, Urponen H. Self-rated health status as a health measure: the predictive value of self-reported health status on the use of physician services and on mortality in the working-age population [J]. Journal of Clinical Epidemiology, 1997, 50 (5): 517 - 528.

[118] Pan J, Lei X, Liu GG. Health insurance and health status: exploring the causal effect from a policy intervention [J]. Health Economics, 2015, 25 (11): 1389 - 1402.

[119] Pan J, Liu G G. The determinants of Chinese provincial government health expenditures: evidence from 2002 - 2006 Data [J]. Health Economics, 2012 (21): 757 - 777.

[120] Pan J, Tian S, Zhou Q, Han W. Benefit distribution of social health insurance: evidence from China's urban resident basic medical insurance [J]. Health Policy and Planning, 2016, 31 (7): 853 - 859.

[121] Phillips M R, Zhang J, Shi Q, et al. Prevalence, treatment, and associated disability of mental disorders in four provinces in China during 2001 - 05: an epidemiological survey [J]. The Lancet, 2009 (373): 2041 - 2053.

[122] Pritchett L. Quantifying vulnerability to poverty: a proposed measure, with application to Indonesia [R]. Policy Research Working Paper Series No. 2437, The World Bank, 2000.

[123] Qin X, Pan J, Liu G G. Does participating in health insurance benefit the migrant workers in China? An empirical investigation [J]. China

Economic Review, 2014, 30 (30): 263 – 278.

[124] Radloff L S. The CES – D scale: a self-report depression scale for research in the general population [J]. Applied Psychological Measurement, 1977 (1): 385 – 401.

[125] Ren Y, Zhou Z, Cao D, Ma B H, Shen C, Lai S, Chen G. Did the integrated urban and rural resident basic medical insurance improve benefit equity in China? [J]. Value in Health: The Journal of the International Society for Pharmacoeconomics and Outcomes Research, 2022, 25 (9): 1548 – 1558.

[126] Rosenbaum P R, Rubin D B. Constructing a control group using multivariate matched sampling methods that incorporate the propensity score [J]. The American Statistician, 1985, 39 (1): 33 – 38.

[127] Smith J A, Todd P E. Reconciling conflicting evidence on the performance of propensity-score matching methods [J]. American Economic Review, 2001, 91 (2): 112 – 118.

[128] Sun J, Lyu S, Li C, et al. The contribution of Urban and Rural Resident Basic Medical Insurance to income-related inequality in depression among middle-aged and older adults: evidence from China [J]. Journal of Affective Disorders, 2021 (293): 168 – 175.

[129] Swiss Re. Insurance: adding value to development in emerging markets [R/OL]. Sigma, 2017. https://www.swissre.com/institute/research/sigma-research/sigma – 2017 – 04. html.

[130] Vilagut G, Forero C G, Barbaglia G, Alonso J. Screening for depression in the general population with the Center for Epidemiologic Studies Depression (CES – D): a systematic review with meta-analysis [J]. PloS one, 2016 (11): e0155431.

[131] Wagstaff A, Lindelow M, Gao J, Xu L, Qian J. Extending health

insurance to the rural population: an impact evaluation of China's New Cooperative Medical Scheme [J]. Journal of Health Economics, 2009, 28 (1): 1 – 19.

[132] Wagstaff A, Lindelow M. Can insurance increase financial risk? The curious case of health insurance in China [J]. Journal of Health Economics, 2008 (27): 990 – 1005.

[133] Wagstaff A. Poverty and health sector inequalities [J]. Bulletin of the World Health Organization, 2002 (80): 97 – 105.

[134] Wang Z H, Liu H, Wu K, et al. Can the reform of integrating health insurance reduce inequity in catastrophic health expenditure? Evidence from China [J]. International Journal for Equity in Health, 2020 (19): 1 – 15.

[135] Wang Z, Chen Y, Pan T, Liu X, Hu H. The comparison of healthcare utilization inequity between URRBMI and NCMS in rural China [J]. International Journal of Equity Health, 2019, 18 (1): 90.

[136] World Bank Group. The path to integrated insurance system in China [R/OL]. Washington, D. C. 2010. http://documents. worldbank. org/curated/en/926821468024660940/Main-report.

[137] World Bank. World Development Report 2000/2001: Attacking Poverty [R/OL]. Oxford University Press, 2000. https://documents1. worldbank. org/curated/en/673161468161371338/pdf/multi-page. pdf.

[138] World Health Assembly, 58. Social health insurance: sustainable health financing, universal coverage and social health insurance: report by the Secretariat [R/OL]. World Health Organization, 2005. https://iris. who. int/handle/10665/20302.

[139] World Health Organization. Tracking universal health coverage: 2017 global monitoring report [R/OL]. WHO, 2017. https://iris. who. int/

bitstream/handle/10665/260522/WHO-HIS-HGF-17. 2-eng. pdf? sequence = 1.

[140] Wright N, Stickley T. Concepts of social inclusion, exclusion and mental health: a review of the international literature [J]. Journal of Psychiatric and Mental Health Nursing, 2013, 20 (1): 71 - 81.

[141] Xu K, Evans D B, Carrin G, Aguilar-Rivera A M, Musgrove P, Evans T. Protecting households from catastrophic health spending [J]. Health Affairs, 2007, 26 (4): 972 - 983.

[142] Yang G, Wang Y, Zeng Y, et al. Rapid health transition in China, 1990 - 2010: findings from the Global Burden of Disease Study 2010 [J]. The Lancet, 2013, 381 (9882): 1987 - 2015.

[143] Yang J H. A study on social integration of floating population in China [J]. Social Sciences in China, 2015 (2): 176 - 192.

[144] Yang X, Chen M, Du J, Wang Z. The inequality of inpatient care net benefit under integration of urban-rural medical insurance systems in China [J]. International Journal for Equity in Health, 2018, 17 (1) : 173.

[145] Yip W C-M, Hsiao W C, Chen W, Hu S, Ma J, Maynard A. Early appraisal of China's huge and complex health-care reforms [J]. The Lancet, 2012, 379 (9818): 833 - 842.

[146] Zeckhauser R. Medical insurance: a case study of the tradeoff between risk spreading and appropriate incentives [J]. Journal of Economic Theory, 1970, 2 (1): 10 - 26.

[147] Zhang J, Xiao S Y, Zhou L. Mental disorders and suicide among young rural Chinese: a case-control psychological autopsystudy [J]. American Journal of Psychiatry, 2010, 167 (7): 773 - 781.

[148] Zhao M, Liu B, Shan L, et al. Can integration reduce inequity in healthcare utilization? Evidence and hurdles in China [J]. BMC health services research, 2019, 19 (1): 1 - 11.

［149］Zhong H, Wang Z. "Single system, single-standard" vs. "Single system, multi-standard" —The impact of the financing method of Chinese urban-rural integrated medical insurance system on the rate of joining insurance for middle-aged and elderly people ［J］. Sustainability, 2022, 14（1）: 274.

［150］Zhou Q, He Q, Eggleston K, Liu G G. Urban-rural health insurance integration in china: impact on health care utilization, financial risk protection, and health status ［J］. Applied Economics, 2022, 54（22）: 2491 – 2509.

［151］Zhou Q, Liu G G, Krumholz S. Is Chinese national health insurance effective in the face of severe illness? A perspective from health service utilization and economic burden ［J］. Social Indicators Research, 2017, 132（3）: 1307 – 1329.

［152］Zhu K, Zhang L, Yuan S, Zhang X, Zhang Z. Health financing and integration of urban and rural residents' basic medical insurance systems in China ［J］. International Journal for Equity in Health, 2017, 16（1）: 1 – 8.